NAZARENO TOURINHO

SAUDADE DE DEUS

LACHÂTRE

BIBLIOTECA NAZARENO TOURINHO

Instituto Lachâtre
Caixa Postal 164 – CEP 12914-970
Bragança Paulista – SP
Telefone: 11 4063-5354
Site: www.lachatre.org.br
E-mail: editora@lachatre.org.br

Programação visual da capa:
Fernando Campos

Impressão
Assahi Gráfica e Editora Ltda.

1ª edição – Agosto de 2016
Do 1º ao 2.000º exemplar

Impresso no Brasil
Presita en Brazilo

CIP-Brasil. Catalogação na fonte

Nazareno Tourinho, 1934 –
Saudade de Deus / Nazareno Tourinho – 1ª ed. – Bragança Paulista, SP : Lachâtre, 2016.
ISBN:
96 p.
1.Espiritismo. 2.Deus. 3.Romance espírita. I. Título.

CDD 133.9 CDU 133.7

O Criador sempre amei
tendo pena dos ateus;
por qual razão eu não sei,
sinto saudade de DEUS.

Nazareno Tourinho

Sumário

O Testamento do Nazareno

O querido Nazareno Tourinho fez-me a deliciosa surpresa de enviar para publicação um texto seu, não apenas ainda inédito, mas recheado do seu carinho para com a editora Lachâtre, o que muito me emocionou.

Nosso lúcido beletrista, largamente laureado como escritor, sabe bem da importância do romance como forma consagrada para trazer ao grande público o conteúdo às vezes árduo do conhecimento espírita. E, sob a desculpa de que o tempo que lhe resta entre nós não deverá ser muito, aproveitou a oportunidade para resumir nesta obra as principais preocupações que pautaram seu relacionamento com o movimento espírita brasileiro, nem sempre harmônico, mas sempre muito leal e fraterno, como o exige nossa sã doutrina.

Esta obra tem 'Deus' como tema principal. Isto talvez já baste para demonstrar a ousadia da sua escolha, que não poderia ser mais kardequiana. Entre tantos temas a apresentar acerca da novel doutrina, o Codificador do espiritismo iniciou sua primeira obra espírita, *O livro dos espíritos*, com o capítulo "Deus". Apesar de sua imensa capacidade como propagandista, que poderia ter levado Allan Kardec a iniciar seu trabalho abordando assuntos de maior apelo popular, como a mediunidade ou a reencarnação, por exemplo, o mestre lionês demonstrou sempre a preeminência do enfoque sob uma forma pedagógica mais adequada à formação de um público interessado no espiritismo.

Saudade de Deus é um hino de louvor ao Criador para ser entoado nestes tempos em que a arrogância acadêmica busca alijar a Divina Paternidade dos seus pressupostos e as propostas religiosas não correspondem mais à nossa sede racional de conhecimento.

Deste testamento de Nazareno Tourinho, publicamente registrado nestas páginas, somos beneficiários todos nós, admiradores da boa literatura com conteúdo eminentemente espírita.

Alexandre Rocha
Bragança Paulista, 15 de julho de 2016.

1. Primeiro Sonho

Insone até quase duas horas da madrugada, com uma indescritível sensação que parecia encher de vazio todo o seu espaço mental, ele abriu a janela do quarto de segundo pavimento defronte à rua e olhou para cima a fim de contemplar o brilho das estrelas que, diria um poeta aprendiz de filósofo, resplandeciam como lágrimas do criador do universo chorando por causa das ações dos seres humanos durante o dia.

Ele gostava de fazer isso às vezes, se não lograva adormecer logo por qualquer motivo.

O piscar constante de miríades de astros qual poeira luminosa na escuridão do firmamento transmitia-lhe profunda paz, eliminando a agitação íntima provocadora da falta de sono.

Com efeito, depois de uns dez minutos fitando o céu naquele momento bordado de luzes trêmulas, onde nuvens deslizavam semelhantemente a flocos de algodão empurrados pelo vento, e onde a lua nova flutuava como um ganso parado na superfície de um lago, ele fechou a janela e se acomodou na cama. Então dormiu e teve um sonho ainda mais esquisito do que a sensação de completo vazio em todo o seu espaço mental.

Sonhou que deslizava na esteira do tempo até chegar no pretérito longínquo, onde se deparava com terras do Oriente, entrecortadas de montanhas imponentes e planaltos verdejantes.

Via-se, como se estivesse diante de um espelho, caminhando pelas ruas estreitas da lendária Galileia, com seus casebres de barro e pedra bruta, de paredes sem reboco, remate ou pintura, fracamente iluminados à noite por candeias consumindo óleo; com seus jumentos gordos e seus mercados mostrando nos alpendres gaiolas cheias de passarinhos, com suas praças de arquitetura primitiva e ingênua, porém rodeadas de plantas ornamentais e árvores floridas, com seus currais de camelos irrigados por córregos de água límpida, transparente, cristalina.

Sentia-se superlativamente satisfeito em tão bucólico ambiente, como se estivesse em êxtase, ouvindo cânticos que repercutiam nos refolhos do seu ser de forma balsâmica, qual rumorejo de uma cascata ou murmúrio de rezas de idosas viúvas saudosas de seus maridos, ou ainda de crianças travessas implorando a Deus para não serem castigadas por seus genitores, ou, ainda outra vez, súplicas a Jeová de rudes pastores vendo seus rebanhos vitimados pela peste.

Em determinado instante, sem fazer nenhum esforço para isso, percebeu que estava saindo de Belém de Judá em direção a outras cidades, com breve escala em Jerusalém onde Herodes, o tetrarca infanticida, executava as ordens de César, imperador de Roma, a poderosa águia bélica dominadora de populações resignadas e belicosas, pacíficas e guerreiras, com suas legiões de soldados cruéis, impiedosos, sanguinários, quase sempre bêbados.

Deteve-se pouco tempo na Jerusalém outrora próspera e tranquila, hoje atormentada por questões políticas insolúveis, lugar que se celebrizou por ser berço de grandes profetas, enaltecendo o maior deles em um domingo de Páscoa para depois crucificá-lo barbaramente.

Ali olhou para sacerdotes de um soberbo templo, em cujo pátio frontal mercadores espertos comercializavam coisas tidas como santas, ali observou como eles, os sacerdotes, exibiam solenemente, entre colunas de arabescos sofisticados e reposteiros de cetim, suas túnicas e alfaias pomposas, inebriados pelo forte odor dos incensos queimados nas cerimônias da tradição, representativos de oferendas interesseiras.

Em prosseguimento do passeio onírico em estado sonambúlico, saiu de Jerusalém em direção a Licar, Garizim, Cafarnaum e Betsaida, territórios de igual modo sagrados para o povo hebreu, naturalmente passando por Nazaré e vendo suas construções góticas de aspecto simples, sem o menor traço de luxo, e o seu cenário natural gracioso e lírico com um presépio ou um brinco de princesa.

Mais longe divisou montes e promontórios, serras, campinas e vales, assim como planícies agrestes e colinas altaneiras, sentindo na epiderme o frescor da brisa que soprava do rio Jordão, ora levemente como carícia de noivos na frente dos convidados para o matrimônio, ora como a ventania que açoita e apaga a fogueira de salteadores noturnos, escondidos atrás de rocha à espreita de viajantes desprevenidos carregando seus tesouros.

Além vislumbrou homens e mulheres ocupados com suas tarefas rotineiras, eles preparando pastagem no campo para os seus animais, elas manuseando teares para produzir o pano das suas roupas, eles cultivando roças para colher verduras, elas conduzindo em cântaros luzidios água de poços ou cisternas para molhar o solo que iria receber semeadura, eles e elas trabalhadores humildes, fatigados, suarentos, contudo venturosos em todos os sentidos, dando cumprimento ao seu destino em nível social e psicológico com o coração transbordando de amor, tanto pelos membros da sua família quanto pelos vizinhos, pelos amigos e até pelos outros seres vivos da criação divina, todos eles, os sapos da lama e as borboletas dos bosques... Homens e mulheres diferentes das pessoas de nossa atual civilização, sempre às voltas com interesses tecnológicos e sempre à procura de emoções exageradas, bem como de prazeres sensuais ou aéticos, incapazes de percorrer grandes distâncias a pé, repousando em tendas improvisadas ao ar livre, somente para expressar sentimentos de adoração a Deus.

Antes de despertar desse sonho durante o qual teve a impressão de que alguém invisível o acompanhava, naquela noite inesquecível, ele se deparou em uma gruta erma na condição de beduíno, conversando em segredo com insinuante jovem. Da sua lembrança auditiva do sonho não se apagou a última frase que ela pronunciou no romântico colóquio: "Algum dia, nem que seja daqui a mil anos, ainda vamos nos reencontrar!"...

2. Primeira Palestra Doutrinaria

Dias depois do sonho descrito, tendo ele aceito convite para fazer duas palestras doutrinárias em uma 'Semana Espírita', a ser realizada em região distante naquela na qual morava, ali estava cumprindo o que prometera aos patrocinadores do mencionado evento, dissertando sobre a codificação de Allan Kardec no seu jeito peculiar, sincero e irreverente, inaceitável para alguns companheiros de crença afeitos ao intelectualismo exagerado ou tendentes ao misticismo alienante.

Era ele um pensador original relativamente à doutrina, destoante da maioria dos escritores e oradores que fazem sucesso no movimento espírita brasileiro, em parte porque, devido a sua formação profissional eminentemente técnica, tinha sólida mentalidade científica, severa e cartesiana, avessa a sentimentalismos piegas e demagógicos, em parte porque paradoxalmente, na contrapartida deste valioso predicado, era sensível à beleza da arte literária e à importância da filosofia humanista, que o inclinavam para uma religiosa fé em Deus.

Ali estava para discorrer sobre a codificação da doutrina espírita de uma forma que nada tinha de convencional. Logo no preâmbulo da palestra, entre outras frases de conteúdo polêmico, incluiu esta pérola:

– *Se fora da caridade não há salvação, fora de Kardec tudo é confusão! ...*

Daí para a frente pôs-se a falar sobre a personalidade do Codificador do espiritismo, não só reproduzindo o que consta de antigos volumes biográficos, mas ainda colocando em relevo estes dois informes também contidos no tomo intitulado *Allan Kardec e sua época*, dado a lume há pouco tempo pela editora Lachâtre, de autoria de Jean Prieur:

1 – Kardec não foi o primeiro a pesquisar fenômenos mediúnicos e, especialmente, mensagens do mundo espiritual superior, no entanto foi o único que teve acuidade, e lucidez crítica, para perceber o alcance transcendental dessa revelação e o único que se dispôs, ou quis se aventurar, a assumir responsabilidade pessoal pelo estudo, pela análise criteriosa de tais mensagens, inclusive as obtidas antes dele por outros pesquisadores e registradas em cinquenta cadernos de anotações que lhe foram entregues, para qualquer uso ou aproveitamento.

Selecionando as melhores mensagens em psicografia que lhe foram dadas de presente, e outras conseguidas em suas experiências, escolhendo aquelas que tinham lógica e valor moral, verificando se elas se integravam em uma concordância universal, Kardec estruturou a doutrina espírita.

2 – Depois que tomou a inciativa pioneira de se lançar ao projeto de codificação do Espiritismo em termos filosóficos, Kardec jamais deixou de se dedicar a ele de maneira inteligente e apaixonada, embora não passional, trabalhando todo dia intensamente, durante mais de uma dúzia de anos, até seu corpo cair para morrer fulminado pelo rompimento de um aneurisma, ocorrência fatal de que provavelmente teria se livrado com o repouso que lhe fora sugerido reiteradas vezes por espíritos protetores.

– Mas – continuou falando – deixemos de lado a figura humana do nosso mestre de Lion a fim de pormos em pauta, doravante, a legítima doutrina espírita, que muito louvamos e pouco conhecemos, pois o nosso movimento ideológico, desde sua origem nacional, encontra-se eivado de catolicismo: No geral não somos propriamente espíritas, somos, alguém já disse, 'espiritólicos'. Salvo raras exceções, na realidade não somos espíritas autênticos, somos espíritas falsificados, ou contaminados, pelo vírus deletério da teologia da Igreja Romana, seguidores não da obra de Allan Kardec, e sim de Jean-Baptiste Roustaing, que o traiu soezmente organizando o primeiro cisma do nosso movimento doutrinário. Adiante tratarei deste deplorável assunto melhor, mais extensamente. Peço desculpa pelo modo com que estou me expressando, sei que é antipático, porém eu não estaria sendo honesto se, aqui e agora, escondesse a verdade de vocês. O espiritismo codificado por Kardec nos oferta uma doutrina filosófica incompatível com a teoria igrejeira de Roustaing; estou nesta tribuna para expor, em sua pureza e integridade, a verdadeira doutrina espírita, e não posso fazer concessão a ideias novidadeiras, para não dizer mistificadoras, que alteram e adulteram a sua essencialidade.

Parou uns segundos, bebeu dois goles de água e prosseguiu embalado, literalmente.

– Sejamos objetivos e diretos: o espiritismo verdadeiro, contido na codificação de Allan Kardec, transmite-nos uma doutrina que nada tem de irracional, e nada possui de carolice, sustentada pelos seguintes princípios:

"1º) Deus existe e é a inteligência suprema, causa primária ou primeira de todas as coisas.

"2º) Dotado de todas as perfeições Deus é único, eterno, imutável, imaterial, onipotente, infinito, soberanamente justo e bom para com todos nós que ainda não temos condições de compreendê-lo, mas temos possibilidade de senti-lo, como sentimos a luz que de igual modo não entendemos, nem mesmo adquirindo os mais avançados conhecimentos científicos, porquanto até hoje ninguém conseguiu saber se a natureza essencial da luz é puramente vibratória ou granular.

"3º) A vida que nos foi dada pelo Criador é regida por três leis fundamentais, dentre outras, a do livre-arbítrio, a da evolução e a da encarnação e reencarnação, resultando disso que temos liberdade para tomar decisões escolhendo o caminho existencial a ser percorrido e nos aperfeiçoarmos, intelectual e sentimentalmente, animando corpo material em existências sucessivas.

"4º) Somos imortais, isto é, sobrevivemos à desintegração do corpo físico, passando a ter um organismo etérico, mais ou menos denso de acordo com o nosso adiantamento ou atraso evolutivo.

"5º) Nos intervalos entre uma encarnação e outra as propriedades vibratórias, ou eletroquímicas, de tal envoltório nos atrairão após o fenômeno natural da morte para planos vivenciais felizes ou desditosos do Além, podendo nos conservar presos à atmosfera planetária e até mesmo ao ambiente social que frequentamos antes de desencarnar, caso em que, involuntária ou deliberadamente, influenciamos de modo positivo ou negativo, para o bem ou para o mal, pessoas com quem nos afinizamos.

"6º) Não há no mundo espiritual um Inferno de fogo governado por grotesco Diabo, e muito menos as chamadas penas eternas. Os 'anjos' e 'demônios' não existem como seres especiais diferentes dos outros criados por Deus, que deixaria de ser justo, em sua obra criativa, concedendo o privilégio de santidade a alguns dos seus filhos e impondo o castigo da perversidade a outros. Anjos e demônios são apenas espíritos que já se tornaram completamente bons ou continuam muito maus, na razão direta do uso que fizeram do seu livre-arbítrio, os primeiros tendo luz e não asas em seu corpo fluídico, os segundos revestidos de aterrorizante aparência resultante de seus ódios.

"7º) O ensino mais recomendável para a nossa edificação íntima na vida terrena é o que foi ministrado por Jesus."

Ele fez outra pausa e continuou:

– A palavra 'espiritismo' foi cunhada como neologismo em língua francesa por Allan Kardec, para definir e designar a doutrina que ele codificara sob orientação de entidades da mais alta hierarquia nas esferas invisíveis, cujos princípios cardeais acabamos de expor na esperança de que ela seja distinguida de outras doutrinas espiritualistas como lhe convém, segundo almejava Kardec.

"Cumpre-nos, como espíritas, divulgar fielmente as concepções da nossa doutrina, preservando-a da prejudicial mistura com outras filosofias paralelas, que endossam a comunicação com os espíritos e a moral cristã, mas rejeitam os postulados fundamentais da nossa crença, desprestigiando-os para que caiam no descrédito. Como escritor e como orador eu estou a serviço dos ensinamentos da obra de Allan Kardec e não de outros autores da categoria de Roustaing, Ramatis, Alziro Zarur, Pietro Ubaldi etc."

Alguém na plateia pigarreou, outro ouvinte tossiu, quatro se mexeram nos assentos e ele percebeu que estava desagradando.

Mesmo assim prosseguiu:

– Meus irmãos, importa valorizarmos a doutrina espírita estudando-a preponderantemente nos livros lapidares de Allan Kardec, e não em outros, porque a nossa filosofia tem sutilezas que não devem ser desprezadas. Ela objetiva nos tornar virtuosos e, como sabemos, *a virtude está no meio*, nunca nos extremos, a própria vida, em todos os domínios do universo, resulta do equilíbrio entre duas forças opostas, antagônicas, que atuam dentro da natureza, uma de atração outra de repulsão. Precisamos não nos exceder em nada, porque tudo pede uma medida certa, na qual o necessário exclui ou dispensa o supérfluo. Consoante nos alerta o codificador do espiritismo, necessitamos ter *bom senso* para regular corretamente a reflexão e a conduta: às vezes nosso esforço para adquirir mais conhecimento não passa de intelectualismo esnobe, nossa amabilidade esconde hipocrisia, nossa tolerância significa conivência, nossa humildade é apenas covardia. Nem tanto nem tão pouco constitui a regra áurea do pensamento e do comportamento ideais.

Fez mais uma curta pausa para verificar se algum ouvinte tossia novamente, pigarreava ou se mexia na cadeira, e como isso não aconteceu continuou na expectativa de acabar satisfazendo a plateia, que, aliás, neste exato instante, mais lhe parecia desinteressada do que aborrecida.

– Em suma – falou –, só com equilíbrio e bom senso seremos úteis à causa do espiritismo, cultivando a verdade do amor através do amor à verdade. Vocês estão me compreendendo?

O auditório respondeu à pergunta com um silêncio tumular. Todos os presentes o olhavam como se ele fosse um ET, um extraterrestre. E coroando a mudez generalizada escutou no recinto uma voz rouca:

– Desculpe, mas eu, francamente, não gostei da sua palestra até aqui.

Ele acusou o golpe:

– Poderia, por gentileza, me informar a razão do seu descontentamento?

Escutou:

– Além de muito complicado, o senhor é também muito crítico, menosprezou o grande Roustaing, que, segundo o livro mais elogiado do também mais elogiado médium brasileiro, foi um missionário incumbido de organizar no espiritismo o trabalho da fé.

Desolado e não apenas surpreso, ele esboçou um sorriso sem graça, declarando:

– Ainda vou fazer outra palestra e nela abordarei esta questão. Espero fazer isso de maneira interessante e convincente.

Outra voz ressoou na plateia, deste feita com uma inflexão agressiva:

– Eu não vou assistir a mais nenhuma falação sua, criticando quem quer que seja, com ou sem motivo, porque para o espiritismo evangélico só o amor constrói. Acho que o senhor se encontra obsidiado, precisando de uns passes.

Outro expectador, dirigindo-se no auditório a alguém que estava perto, comentou:

– Este pregador de maus bofes necessita é de psiquiatra, porque parece um desajustado.

Ele revidou com justificada ironia, mas sem irritação no timbre de voz:

– Obrigado pelas gentis observações. Talvez eu seja mesmo um desajustado, tão desajustado que me ajusto com o maior prazer ao meu próprio desajustamento...

Foi interrompido pelo coordenador da reunião que anunciou o adiantado da hora, propondo-lhe encerrar aquela alocução, deixando para a segunda e última palestra os argumentos restantes.

Antes que ele pudesse fazer isto, uma elegante mulher, sentada no fim da plateia, ergueu-se e disse com firmeza:

– Não tenho convicção espírita, por acaso sou uma simples médica psiquiatra agnóstica que só veio até aqui em virtude de ter sido insistentemente convidada por uma amiga, todavia quero confessar que apreciei bastante o brilho das opiniões do orador, ora sob indelicada censura.

Confortado por esta intervenção, ele concluiu sua conferência e, quando saiu do recinto, não se afastou sozinho...

3. DIÁLOGO

Terminada a palestra, dirigiu-se ele andando para o hotel que ficava próximo, em companhia da médica psiquiatra. Ela fez questão de segui-lo em gesto de solidariedade. Caminharam com passos lentos, conversando:

– Então você é médica de loucos?! – disse brincalhão, aduzindo – Preciso lhe fazer uma consulta...

– Por quê e para quê?

– Porque estou sofrendo de uma enfermidade psíquica resistente e tão rara que talvez nem conste dos quadros nosológicos oficiais da psiquiatria...

– Que doença?

– Saudade de DEUS.

– O quê???

– É o que falei.

– Como assim?

– Não sei explicar.

– Eis uma patologia da qual nunca ouvi qualquer alusão ou referência. Que sintomas mórbidos estão lhe incomodando?

– São indefiníveis.

– Curioso...

– Também acho.

– Para mim é difícil crer que não possa me passar uma noção da sua saudade de Deus. Tente dizer algo sobre ela, você possui tanta facilidade de expressão!...

– O que sinto é uma espécie de sutil desejo de retornar à minha origem, reintegrando-me não ao pó de onde dizem que todos viemos e para onde voltaremos, e sim reintegrando-me ao ser inefável que me criou e, destarte, libertando-me de uma vez por todas das mentiras e decepções da vida neste mundo.

– Isto é o que o povo chama de 'desencanto' ou 'infelicidade', nós batizamos este mal-estar subjetivo com o apelido técnico de 'angústia existencial'. Embora não pareça, sua etiologia é assaz complexa. O tratamento exige mais os recursos da psicanálise do que da psiquiatria. Os remédios a serem empregados em função da duvidosa cura não são farmacológicos, são exclusivamente verbais. Trocando em miúdo: conversa fiada paga à vista, ou em alguns casos com cartão de crédito... Como vocês espíritas conferem mais importância às ações de caridade do que às ações da bolsa de valores, e como particularmente você, conforme propala a amiga que me convidou para assistir sua palestra, tem pendores literários além dos filosóficos, e portando prefere as letras poéticas às letras de câmbio, eu, que detesto trabalhar a preço módico, digo, preço de banana, muito menos de graça, não posso por razões óbvias aceitá-lo como paciente – completou ela, deixando escapar uma sonora gargalhada.

– Você está fazendo zombaria com um problema sério, sua traidora de Hipócrates – acrescentou ele também rindo.

Perguntou ela:

– O que receita para tão inusitada situação íntima a sua doutrina espírita, a verdadeira, codificada por Allan Kardec?

– Não receita nada, recomenda calma, paciência e confiança em Deus, que, quando fazemos por merecer, na hora certa nos socorre de modo adequado.

– E por que você despreza essa fórmula doutrinária, não farmacêutica, para resolver o seu problema?

– Porque não é fácil seguir os ditames da fé quando a gente caminha carregando a pesada cruz da solidão, sem ter alguém que partilhe nossos anseios e sentimentos...

Chegaram os dois em frente ao hotel onde ele ficaria vendo ali um jardim com bancos de mármore. Sentaram para esticar a conversa antes da despedida.

Ela continuou:

– Como líder espírita, você se sente confortável?

– Nem sempre. Às vezes me considero realizado, às vezes frustrado. Talvez eu seja um grande idealista, que coloca acima das conveniências próprias as da causa pela qual luta, talvez seja um grande narcisista, que sempre põe em prática seus valores sem jamais ter em conta os alheios. Gosto de fazer autocrítica questionando a mim mesmo, porque isto é salutar, ajuda o aperfeiçoamento individual, a reforma íntima que todos devemos realizar.

– Alguém da minha especialidade clínica já diagnosticou você como bipolar?

Formulou ela a indagação novamente rindo, a fim de demonstrar intenção de gracejo.

Ele reagiu à altura:

– Não. Aliás, como eu em alguns instantes sou uma pessoa estritamente racional, e em outros sou totalmente sentimental, e ainda, em determinados momentos, não sou em demasia racional ou sentimental, mantenho-me equilibrado entre o pensamento lógico e a nobreza emocional, o diagnóstico correto para mim não é o de 'bipolar', é o de 'tripolar'...

Ela voltou à carga:

– Você não é nada leigo em psiquiatria para quem, segundo o *Curriculum-vitae* que me deram junto com o convite para sua palestra, é formado em engenharia eletrônica. Costuma ler sobre a minha ciência?

– Pouco, mas o suficiente para não acreditar nela – agora foi ele quem soltou uma gargalhada trocista, zombeteira.

Ela falou sem transparecer que estava se sentindo mais ou menos magoada:

– Que chique a sua verve...

Ele amenizou a indelicadeza:

– Espero que me perdoe por pensar como penso, pois não deixo de ter admiração pela generosidade da psiquiatria.

– E por que não acredita nela?

– Porque acredito na matemática.

– Esta eu não entendi. O que tem a psiquiatria a ver com a matemática?

– Simplesmente isto, nada mais e já é muito: a matemática, utilizando uma de suas ferramentas, a estatística, prova que o tratamento psiquiátrico não cura ninguém.

– Prova como?

– Pesquisas mostram que um em três pacientes psiquiátricos obtém cura, e o mesmo acontece com um em três doentes mentais que não procuram psiquiatra. Logo, se a percentagem de cura é a mesma para quem faz ou deixa de fazer tratamento psiquiátrico, o que devemos deduzir deste fato, senão que a psiquiatria é inútil? ...

– Parabéns pela sua lógica científica eletrônica... E muito obrigada pelo incentivo profissional.

– Não me queira mal, porque estou falando sem total convicção, e outros já se referiram à sua distinta ciência com maior sarcasmo. Por exemplo: alguém atribuiu nocividade à psiquiatria, alegando que ela faz com que pessoas desequilibradas consigam se adaptar a uma sociedade ainda mais desequilibrada. Alguém certa feita situou o louco como um sujeito que perdeu tudo, menos a razão. E finalmente, para encerrar, um analista de costumes declarou, não sei onde nem quando, exatamente isto: do jeito que o mundo está só existem dois tipos de seres humanos: os neuróticos e os de mau caráter...

– Outra vez parabéns! – sentenciou ela. – Você é ótimo em sátira. Pelo menos para apedrejar a psiquiatria – complementou com um sorriso forçado.

– Como reconhece essa minha invejável qualidade proponho que mudemos de assunto. Até porque, para sua falta de sorte, tempos atrás, por diletantismo, interessei-me pelas ideias de David Cooper, um dos notáveis fundadores da sábia ciência nova chamada *antipsiquiatria*... Bom, chega de troca de farpas, ferinas e inconsequentes, agora vou lhe fazer três perguntas interessantes: qual é o seu nome completo? É casada? Seus olhos são verdes ou azuis?

O resto do diálogo se estendeu por quase uma hora e terminou com um aperto de mão que poderia ter durado menos...

Separaram-se enfim, ele meio encabulado pelas três perguntas, olhando-a fixamente como se quisesse descobrir algo na sua aparência, postura física ou rosto, sobretudo nos seus olhos. Exclamou a frase derradeira:

– Não sei porque, tenho a impressão de lhe conhecer de algum lugar, há longo tempo.

Ouviu como resposta:

– Engraçado, em relação a você eu tenho a mesma impressão...

4. Segunda Palestra Doutrinária

Novamente estava ele ali na tribuna para a segunda conferência, seguida do proposto debate com os ouvintes descontentes.

– Hoje, antes da discussão que teremos, esclarecedora e, espero, muito cordial – deu partida à sua fala –, pretendo ser didático, tanto quanto possível, dividindo minha exposição em três partes, cada uma delas de apenas uns quinze minutos, ou menos, a fim de sobrar bastante tempo para troca de ideias e críticas, que são sempre benéficas quando temos o cuidado de fazê-las ponderadamente, expressando nossos pontos de vista sem subterfúgios, porém de forma educada.

"Na primeira parte da minha alocução dissertarei sobre o codificador do espiritismo; na segunda, sobre Jesus; e, na terceira, sobre Deus e o nosso movimento doutrinário. Logo depois ficarei à disposição de todos para responder perguntas, dirimir dúvidas e enfrentar questionamentos, quaisquer que sejam eles, mormente os relacionados aos conceitos que produziram fortes discordâncias na minha última palestra."

Após tal introdução, passou a se ocupar de Hippolyte-Léon Denizard Rivail, destacando, dentre outros registros constantes de suas diversas biografias, o fato de que ele foi um eminente pedagogo e um intelectual de prestígio na França da sua época. A seguir, tentou mostrar a conveniência de valorizarmos a obra de Allan Kardec em nosso país, tecendo as seguintes considerações:

– Nos derradeiros anos, mais precisamente nas três últimas décadas, o movimento espírita brasileiro, que desde a sua origem exalta em prosa e verso a codificação de Allan Kardec, mas nunca a assumiu por inteiro na prática, como eu disse na palestra precedente, porque na realidade segue a obra de um autor que lhe foi conterrâneo e contemporâneo, Jean-Baptiste Roustaing, nas três últimas décadas, repito, instalou-se em nosso meio uma acirrada controvérsia sobre a questão de ser ou não ser o espiritismo uma ciência ou uma religião. Companheiros de ideal, uns intelectualistas outros místicos, ambos extremados em suas posições ideológicas, ainda atualmente às vezes entram em choque defendendo o caráter científico ou religioso da nossa doutrina. Ora, o espiritismo, a rigor, não é nem UMA ciência nem UMA religião, contudo nem por isso deixa de ser científico e religioso, porque é UMA filosofia de bases científicas e consequências religiosas, como salientamos na palestra anterior. Em artigo para imprensa e em livro, já figuramos o espiritismo como um avião cujo corpo central é a filosofia, que voa sempre sustentado por duas asas mantenedoras do seu equilíbrio, uma a ciência, outra a religião, ou religiosidade, possuindo como leme para direcionar sua rota o bom senso.

"Qualquer exagero culturalista ou sectário na concepção do Espiritismo o deforma. Ou sabemos conciliar os aspectos científico e religioso do Espiritismo, que pretende unir a religião à ciência através de uma fé raciocinada, ou estaremos jogando na lata de lixo o ensinamento básico de Allan Kardec, que tanto situou o Espiritismo como uma ciência de observação quanto escreveu estas palavras em *O livro dos médiuns*, capítulo XXIX, item 350: "A bandeira que desfraldamos bem alto é a do *espiritismo cristão e humanitário*."

"A obra de Kardec nos conduz para um entendimento mais edificante do vulto histórico do Cristo e da mensagem que ele trouxe a este mundo, entendimento que difere da interpretação das igrejas tradicionalistas.

"Em *O evangelho segundo o espiritismo*, Kardec inicia nos alertando para o detalhe de que a nossa doutrina se compromete apenas com o ensino moral de Jesus, não tomando partido a respeito dos "atos comuns da vida do cristo, dos milagres, das predições e das palavras que foram tomadas pela Igreja para fundamento de seus dogmas".

"Resulta disso que devemos ser cristãos, seguidores de Jesus, sem sermos cristólatras, seus adoradores. Esta atitude se nos impõe porque sabemos, dissentindo dos católicos e protestantes, que Jesus não é DEUS nem uma parte de DEUS, é UM e não O filho de DEUS, em resumo, é um espírito como nós, que alcançou a perfeição e assim pôde se tornar guia da humanidade terrestre.

"Pensamos ainda que Maria, mãe de Jesus, também foi uma mulher como as demais, ou seja, um espírito encarnado em corpo feminino, e não uma "virgem santa". Aliás, o Novo Testamento diz que Jesus tinha irmãos e Maria, não obstante toda a sua grandeza moral, pelo menos uma vez o julgou perturbado, querendo até afastá-lo da companhia dos discípulos."

A esta altura da palestra ele notou mais uma vez que várias pessoas estavam começando a se mexer nos assentos, de modo ostensivo. Como não ignorava que alguns espíritas ainda são mariólatras, temendo ser interrompido, cuidou de entrar logo na terceira parte da sua exposição. Salientou:

– Precisamos não esquecer que a codificação de Allan Kardec tem início com a abordagem do tema Deus, no capítulo primeiro de *O livro dos espíritos*. Nele aprendemos, como foi dito na outra palestra, que o nosso criador "é a inteligência suprema, causa primária de todas as coisas", e é "eterno, infinito, imutável, imaterial, único, onipotente, soberanamente justo e bom". E aprendemos que o egoísmo é a fonte geradora de todos os nossos males, impedindo-nos de amar como devemos os semelhantes, nossos irmãos porque filhos do mesmo Deus, pai de todos. Porém, com este aprendizado precioso ainda não zelamos pelos interesses maiores da nossa doutrina, protegendo-a contra infiltrações de ideias perniciosas. Entre nós diz-se, por exemplo, que para o espiritismo "a época do fenômeno já passou", grande inverdade porque o fenômeno mediúnico, como enfatizou Kardec, está na lei da natureza e a lei da natureza nunca cai em exercício findo.

"Diz-se que não devemos evocar os espíritos porque "o telefone toca de um lado só", outra incorreção doutrinária, pois o Codificador do espiritismo começa o capítulo XXV de *O livro dos médiuns* criticando os defensores de tal ponto de vista, de inspiração católica, e destaca a conveniência não apenas da evocação de espíritos bons, mas também dos maus, anotando que, no primeiro caso, o relacionamento servirá para recebermos proteção e conselhos úteis e, no segundo, para socorrermos caridosamente irmãos desencarnados, libertando suas consciências do erro, da ilusão e da maldade. Diz-se ainda que ninguém deve procurar desenvolver a mediunidade, porque, quando ela existe, brota ou aparece espontaneamente; mais uma falsidade, porquanto muita gente é médium e ignora isto a vida inteira: se fizer a experiência de participar de uma sessão mediúnica bem orientada poderá ter a surpresa de descobrir suas faculdades ou dons supranormais. Há um capítulo inteiro em *O livro dos médiuns*, o de nº XVII, intitulado 'Da Formação de Médiuns', cujo primeiro item fornece indicações para 'Desenvolvimento da Mediunidade'.

"Em face do que acabamos de expor, e de outros dislates e disparates circulantes no movimento espírita brasileiro, pensemos o espiritismo à luz dos ensinamentos de Kardec e não à sombra do disfarçado catolicismo de Roustaing.

"Somente mais uma observação, para entrarmos naquilo que vocês querem, segundo posso e devo supor, isto é, o debate em torno de algumas das minhas observações doutrinárias. Diz-se entre nós – e quem diz é gente importante, ou doutorada – que o espiritismo é contra a crença em milagre. A realidade não é bem esta, e tal afirmativa não se afigura compatível com a nossa concepção de Deus. Quando opinou sobre milagres, o que Kardec proclamou não foi a impossibilidade da sua existência. Eis a seguir as palavras que ele escreveu no item 15 do capítulo II de *O livro dos médiuns*:

De nenhuma forma entra em nossas cogitações indagar se Deus há julgado útil, em certas circunstâncias, derrogar as leis que ele próprio estabeleceu; nosso fim é, unicamente, demonstrar que os fenômenos espíritas, por mais extraordinários que sejam, de maneira alguma derrogam essas leis, que nenhum caráter tem de miraculosos ou sobrenaturais.

Os modernos teóricos do espiritismo, médiuns de grande fama ou intelectuais portadores de nobilitantes títulos acadêmicos, que se limitam a mencionar a existência de Deus em toda a natureza, sem acrescentar que ele também é transcendente a ela, e que afirmam ser Deus a lei da natureza esquecendo que lei é uma *coisa* mecânica e Deus é um *ser* dotado de inteligência infinita, livre-arbítrio e vontade onipotente, esses corifeus de falaciosa cultura em nosso meio filosófico estão carentes de mais apurado estudo da obra de Allan Kardec, ou de pelo menos da leitura de um livro recentemente publicado pela editora Lachâtre, de conteúdo doutrinal exposto em estilo didático, intitulado *Breve curso de filosofia espírita*. Vocês entenderam o que acabei de falar?", indagou sem ouvir qualquer resposta.

– Agora vamos às perguntas e contestações.

A partir de então ocorreu o debate, ora frio, ora morno, ora quase fervendo, que se desdobrou assim:

– O senhor disse que o espiritismo é uma filosofia de bases científicas, não bíblicas. Onde estão essas bases científicas?

– Nos fatos que provaram a autenticidade dos fenômenos mediúnicos, pelos quais nos chegou a doutrina.

– Que fenômenos mediúnicos?

– Vários. Múltiplos. Desde os de psicografia, ou de psicofonia, que chamam de incorporação, até os de ectoplasmia, denominados de materialização, passando pelos de xenoglossia, comunicação em diversos idiomas, pneumatografia, escrita direta sem concurso aparente de médium, aporte e transporte, deslocamento de objetos sem ação física manifesta, clarividência, visão sem os olhos, lembranças de vidas passadas e por aí vai...

– Que cientistas, mas cientistas mesmo, de renome, comprovaram a autenticidade desses fenômenos mediúnicos?

– Entre outros, William Crookes, descobridor do tálio, inventor do fotômetro de polarização e do microscópio espectral, o primeiro pesquisador a demonstrar experimentalmente o estado radiante da matéria, entrevisto por Faraday; Paul Gibier, diretor do Instituto de Microbiologia e membro da Academia de Ciência de New York; Oliver Lodge, professor de mecânica e física da University Coolege de Londres; César Lombroso, considerado como o pai da antropologia criminal; Alfred Russel Wallace, naturalista inglês, autor de um tratado mundialmente conhecido sobre a distribuição geográfica das espécies; Friedrich Zöllner, professor de astronomia e física da Universidade de Leipzig, na Alemanha; e novamente por aí vai, incluindo o russo Alexander Aksakof, o italiano Ernesto Bozzano e outros.

– Por que o senhor bate forte na obra de Roustaing, se ela é favorável ao espiritismo e sempre recebeu apoio de vultos importantes do nosso movimento, sendo adotada pela instituição que congrega e orienta os nossos centros de atividade em todo o país?

– Por que a obra de Roustaing tenta sabotar a de Kardec astuciosamente, comprometendo-a com postulados do catolicismo. Parece até tratar-se de uma mistificação concebida e articulada por espíritos umbralinos de padres jesuítas, desejosos de prejudicar o êxito de nossa doutrina, retirando de suas fileiras os adeptos mais inteligentes.

– O senhor pode provar o que está nos dizendo?

– Posso sim, e facilmente, porque, imaginando que tal coisa me seria cobrada neste encontro, trouxe no bolso anotações que vou ler agora e depois deixar nas mãos de vocês para serem conferidas nas fontes citadas.

Tirou ele do bolso do paletó algumas folhas de papel e prosseguiu consultando-as:

– A obra de Roustaing, composta de mensagens psicografadas por uma única médium, Emilie Collingnon, publicada com o título de *Os quatro evangelhos*, em mais de um volume, apresenta aos leitores, dentre outros apontamentos encontráveis, na sua 6º edição lançada pela entidade que lidera nosso movimento doutrinário, a Federação Espírita Brasileira, os seguintes absurdos:

"1 – Na apresentação, o tradutor afiança que a obra é 'incomparável, única até hoje no mundo', e nela 'se encontra toda uma revelação de verdades divinas que ainda em nenhuma outra fora dado ao homem entrever'.

"2 – Na página 277 do Volume I, Jesus é classificado como 'órgão de Deus'", continuou ele, socorrendo-se das anotações do papel, e prosseguiu do mesmo jeito.

"3 – Na página 440 do Volume II, há uma menção à 'Igreja de Cristo', garantindo que no futuro 'o sucessor de são Pedro estenderá sua mão para abençoar o universo'.

"4 – Na página 403 do volume III, o autor vai mais longe, dizendo: 'Homens, que praticais os ritos cristãos, não vos envergonheis de vos aproximar da 'mesa santa', pois, sejam quais forem as profanações a que ela tenha sido exposta, sempre a podeis santificar pelo sentimento com que dela vos avizinhardes. Não coreis de vir, curvada a fronte, prostrar-vos aos pés do sacerdote que vos apresentar a hóstia 'consagrada'.

"5 – Na página 471 do Volume II, Moisés e Elias são citados em comunicação com Jesus durante sua transfiguração no alto do monte Tabor e, a seguir, na página 497, é dito que Moisés, Elias e João Batista foram 'uma mesma e única entidade', sendo tal afirmação reforçada nestes termos: 'sim, Moisés, Elias e João Batista são o mesmo espírito reencarnado três vezes em missão'. Como então, pergunta-se, Moisés e Elias, sendo o mesmo espírito, puderam falar com Jesus simultaneamente, um ao lado do outro?

"– Na página 317 do Volume I, nosso fundamental princípio doutrinário relativo à lei da encarnação e reencarnação, que, já vimos, destrói a teoria católica das penas eternas no reino do inferno, é atacado diretamente, pois Roustaing diz que 'a reencarnação humana não é uma necessidade'."

Outra pergunta da plateia se fez ouvir, em um diapasão de voz modulado em tom raivoso:

– O senhor pode informar se pelo menos aceita a teoria de Roustaing sobre o corpo fluídico de Jesus, tão cara a nós, os espíritas evangélicos?

– Não aceito, como aliás também não aceitaram pensadores espíritas altamente respeitáveis, do nível do dr. Carlos Imbassahy, Deolindo Amorim e Herculano Pires, porque tal teoria transforma Jesus em um farsante que enganou muita gente, fingindo comer e beber em ceia com seus discípulos, fingindo sangrar no martírio da crucificação etc. Que dignidade, ou mérito, teria Jesus se a sua comovente vida neste mundo houvesse sido uma representação teatral? Foi ridículo e melancólico o fato de termos perdido tempo, durante decênios, discutindo a composição biológica ou química do corpo de Jesus. Que utilidade teve essa perlenga tediosa para a missão educativa da nossa doutrina, eminentemente ética, preocupada com a regeneração dos seres humanos para o bem da humanidade, e não com raciocínios ilógicos, especulativos e inconsequentes? Enquanto estivemos nos ocupando desse dogmático devaneio de Roustaing, olvidamos suas incongruências católicas de pior efeito para a nossa crença, como aquelas há pouco mencionadas. Não levamos em conta esta lição: quando os exércitos bárbaros invadiram Constantinopla no passado, dominaram a poderosa cidade facilmente, penetrando nela pelos flancos desguarnecidos, porque, na hora da invasão, os seus soldados, acompanhados de superiores, e até generais, estavam reunidos em um grande salão assistindo caloroso debate de teólogos sobre sexo de anjos... Por que nós, espíritas, que temos tantas coisas relevantes para pensar e fazer, devemos empregar nosso tempo sem nenhum proveito para saber se o corpo de Jesus era sólido ou gasoso?...

"A tese do copo fluídico de Jesus, plagiada por Roustaing da doutrina docetista que nasceu nos primeiros séculos do cristianismo, foi outra habilidosa artimanha de sacerdotes do Além para lançar em nosso movimento doutrinário a distração e a discórdia, através do conflito opiniático."

– E o que o senhor, tão ranzinza e tão crítico a respeito de quase tudo do nosso movimento, diz sobre esta conhecida e consagrada orientação do médium brasileiro mais querido e mais sábio, que é a seguinte: *só devemos ver o lado bom das coisas!?*

– Digo duas verdades. A primeira é esta: toda crítica honesta, pertinente, judiciosa, feita com intenção construtiva e não destrutiva, é útil e às vezes absolutamente necessária para a correção de erros. A segunda verdade é esta: se José do Patrocínio, o tigre ou herói da luta pela abolição da escravatura, tivesse seguido o conselho de só ver o lado bom das coisas, contentando-se em olhar apenas para a fartura da produção agrícola na sua época, para o baixíssimo preço dos alimentos e para a paz social, até hoje os negros estariam à venda como animais nas praças públicas e mercados.

E mais ele não disse porque não lhe foi perguntado...

5. Conversa Particular

Antes da viagem de volta à sua terra, ele teve um agradável encontro com a médica psiquiatra de olhos verdes azulados, ou azuis esverdeados, na residência da mesma, onde compareceu para fazer um lanche atendendo o convite que lhe foi formulado muito gentilmente.

Este segundo diálogo, embora ainda necessariamente cerimonioso, teve alguns toques ou acentos de intimidade.

– Estou meio deprimido – queixou-se ele.

– Por que vai ficar longe dos espíritas tão hospitaleiros desta cidade sem me tirar do agnosticismo? – perguntou ela sorrindo.

– Estou deprimido, ou triste, porque acho que nas minhas duas palestras desagradei mais gente do que esperava... Contudo, não me sinto culpado. Cumpri com o meu dever de alertar companheiros de ideal a fim de não se deixarem enganar pelos apedeutas com pose de sábios do nosso movimento ideológico, especialistas em utilizar ambiguidades semânticas para compor aporias que suscitam dúvidas sobre pontos centrais da filosofia kardequiana, no que tange sobretudo ao seu aspecto religioso, indissociável do científico. Infelizmente a maioria dos líderes espíritas brasileiros estuda pouco a codificação de Allan Kardec, porque prefere se aprofundar na doutrina recorrendo a livros psicografados ultimamente, não em suas obras originais. Afora isso, alguns dos nossos poucos líderes de fato competentes, em matéria de conhecimento doutrinário, adoram parecer santos, jamais dizendo o que possa desagradar os ouvintes, e nunca escrevendo aquilo que seja capaz de produzir descontentamento nos leitores. Uma lástima! Depois ainda propalam ter amor à filosofia espírita.

– Não se amargure nem fique atormentado. Você é um valoroso combatente em prol do verdadeiro espiritismo.

– Obrigado, desculpe o meu humor negativo do momento, e vamos mudar de assunto, falemos de nós mesmos, da nossa vida pessoal. O que vai fazer este ano quando tirar férias? Poderíamos conviver uns dias em algum aprazível lugar, talvez uma estância de veraneio?

– A ideia não é má, porém, antes de aproveitá-la, devemos nos conhecer melhor.

Prolongaram a conversa, desta vez por quase três horas e, ao se despedirem, ela solicitou espirituosamente, com outro sorriso:

– Tenha mais saudade de mim do que saudade de Deus...

6. Contato à Distância

Após retornar à sua terra, ele logo se valeu desse excepcional brinquedo de adulto chamado *computador* para se comunicar com ela.

A primeira troca de mensagens, feita em um domingo chuvoso, desses que todo mundo tem de se distrair dentro de casa, foi esta:

– Oi! menina de olhos azuis como o céu ou verdes como o mar, ainda se lembra de mim?

– Como poderia esquecer o carrasco dos espíritas pouco zelosos da codificação de Allan Kardec?

– O que estava fazendo antes de contactar comigo?

– Estava lendo um livro sobre depressão para ajudar a você e a mim mesma. E o valente defensor do verdadeiro espiritismo, o que estava fazendo?

– Cultivando uma velha mania que constitui minha diversão predileta: escrever pensamentos e trovas, para descansar das meditações filosóficas e dos raciocínios matemáticos.

– Pode me mandar agora alguns pensamentos e trovas de sua autoria?

– Posso, por acaso tenho ao lado o caderno onde escrevo meus textos literários, de prosa e poesia. Uns ainda estão inéditos, outros eu já publiquei. Quer mesmo tomar conhecimento deles?

– Com certeza. Digite imediatamente a maior quantidade possível.

– Vamos lá. Primeiros os pensamentos, depois as trovas.

Pensamentos

1 – O ser humano deve ter um pé fincado no chão batido da realidade e o outro pé flutuando no colorido espaço do devaneio. Deve ser raiz e pássaro.

2 – Não faça da vida uma guerra, porém se a vida fez de você um guerreiro jamais se considere perdedor. Lembre-se de que somente os jogadores ganham e perdem; os guerreiros sempre vencem, mesmo quando são abatidos, porque em lutar consiste a sua glória.

3 – A vida neste mundo é uma viagem em noite escura e oceano proceloso. Nela só atinge o porto seguro da felicidade quem sabe valer-se tanto do farol da inteligência quando da bússola do coração.

4 – Alguém já disse que há no Brasil duas espécies de escritores: a dos que escrevem corretamente e a dos que escrevem bem; acho justa esta observação, porque para merecer respeito a gramática da língua portuguesa deveria respeitar a si mesma, sendo menos complicada.

5 – Temos o direito de usar tudo o que existe, menos as outras pessoas.

6 – A beleza não é tão fundamental quanto os poetas pensam. O feio gavião tem cara de coruja, mas voa muito mais alto que o cisne, e quem vive uns duzentos anos é a tartaruga, não o formoso pavão.

7 – Para o verdadeiro artista nada vale a condição econômica e social, e ele mesmo pouco vale. Somente a sua arte vale muito, aliás tudo.

8 – Uma pedra disse para outra: "Por que feriste os pés descalços daquele caminheiro tão bondoso?" Ouviu como resposta estas palavras: "Só me fazes esta pergunta porque não foi em ti que ele pisou!"

9 – O homem sábio jamais compra briga alheia, porque está sempre desejando vender as suas.

10 – Por trás de todo grande homem não existe apenas uma grande mulher e sim duas, pois aquela que lhe deu a vida, por menor que seja, sempre será maior do que a outra.

11 – Salvo raras exceções, os seres humanos se dividem em duas classes: a dos que julgam ter dignidade não tendo, e a dos que a possuem não sabendo.

12 – É mais fácil amar o saber do que saber amar.

13 – Se você quer educar uma criança, comece aprendendo com ela.

14 – Na química da vida social, ou da política, o amor e a verdade são dois elementos simples que, quando se juntam, formam um terceiro: a justiça.

15 – Com o progresso da ciência, a medicina acabará fabricando a pílula do bom humor. E aí a nossa vida perderá a graça.

16 – A infância é fase da vida em que somos proibidos de fazer as coisas pelos nossos pais. A velhice é uma igual fase, só que a proibição vem dos filhos.

17 – Tenho encontrado homens suficientemente sábios para não confiarem em si mesmos. O que nunca encontrei foi um político bastante tolo para acreditar em outro político.

18 – Agora eu não duvido mais do assombroso avanço da tecnologia médica: fiz uma tomografia computadorizada com suspeita de um módulo inflamado no cérebro, e o laudo me chegou com o seguinte diagnóstico: 'humor benigno'.

19 – Quem espera sempre alcança. Às vezes o arrependimento por não ter tomado logo uma decisão.

20 – Nem tanto ao mar, nem tanto à terra... quando temos dinheiro para viajar de avião.

21 – Como os costumes mudam neste país: hoje em dia há gente que não paga dívida para dar a impressão de que é rica.

22 – Nem tudo o que brilha é ouro, mas quem possui ouro sempre brilha.

23 – Se você está disposto a prosperar na vida vendendo a alma ao Diabo perca as esperanças, porque ele não vai querer comprá-la; o inferno encontra-se superlotado desde as últimas eleições.

24 – Gosto de pedir dinheiro emprestado a juro. Sempre juro que pago.

25 – Se você pretende alugar um imóvel, só aceite fiança de firma comercial idônea, com menos de quarenta títulos protestados.

26 – A Polícia de Carreira, sem armas eficientes, foi criada para que os agentes da lei, na hora de a onça beber água, saiam do local do crime correndo.

27 – O homem que ama o sucesso não reage precipitadamente quando sua honradez é colocada em cheque: verifica primeiro se o cheque tem fundo.

28 – Como escritor, não me ofendo quando alguém declara: “ O que você diz não se escreve!” Eu já digo escrito.

29 – O homem sábio é o que nunca deixará de ser bom, mas já deixou de ser bobo.

30 – Quem não perdoa mais a si mesmo magoa.

Trovas

Aliança

Aliança interesseira
muito cedo se desfaz;
quando dura a vida inteira
real benefício não traz.

Amizade

Amizade é um amor
que preferiu não crescer,
protegendo-se da dor
e do risco de morrer.

Amor

Seja você lá quem for,
se muito precisa amar,
não corra atrás de um amor,
saiba por ele esperar.

Amor

Quero a vida sem fronteiras,
e como bom trovador,
rasgo todas as bandeiras
presas no mastro do amor.

Amor

Toda vida procurei
alguém que pudesse amar,
contudo só encontrei
quem não devia encontrar.

Amor

Amando alguém com fervor
é bom a gente lembrar:
só quem ama o próprio amor
jamais sofre por amar.

Amor

Quando me falam de dor
se estou falando me calo,
até que falem de amor,
aí, sim, então eu falo.

Apelo

Teus apelos eu atendi
meus sonhos sacrificando,
mas se choro hoje por ti,
é por mim que estou chorando.

Apelo

Sério apelo já te fiz,
minha doce namorada:
contenta-te em ser feliz
bem solteira, não casada.

Apuro

Só vi que estava em apuro
quando o padre com justiça,
gritou: eu te desconjuro!
Bebeste o vinho da missa! ...

Árvore

Esperança de mais vida:
uma árvore plantada.
E uma atitude suicida:
grande floresta queimada.

Árvore

Para que sejamos crentes
na divina criação,
de minúsculas sementes
árvores nascem do chão.

Audácia

A audácia é temerária,
disto todos nós sabemos,
mas pode ser necessária
se um grande bem queremos.

Canto

Canta toda natureza
e cantando a vida inova,
porém não canta a tristeza
que canto na minha trova.

Carícia

Como tem jardim sem rosa
e também poder sem mando,
carícia há venenosa
que mata acariciando.

Carinho

Digamos em altas vozes,
e não falando baixinho,
que até animais ferozes
se conquistam com carinho.

Carisma

Olhando por certo prisma,
chegamos à conclusão,
de que sempre tem carisma
quem possui bom coração.

Cenário

Dependendo do cenário
que montamos de improviso,
nossa paixão é calvário
quando não é paraíso.

Cerveja

Vou visitar uma igreja!
– fala o bêbado no bar.
Quero mais uma cerveja
porque me ajuda a rezar.

Coqueiro

Eu pago e não quero troco
(eis do poeta a mensagem),
coqueiro que não dá coco
mas embeleza a paisagem.

Contradição

Vivo me contradizendo,
só sei gostar não gostando,
faço sempre não fazendo
o que penso não pensando.

Coragem

Enfrentando algum ladrão
adepto da pistolagem,
fazemos uma opção:
ter medo de ter coragem.

Chão

A cura dos descontentes
é fruto desta receita:
pensar no chão, nas sementes,
e só depois na colheita.

Destino

Tu quiseste me deixar,
e o meu destino é sofrer,
pois não devo te lembrar
e nem posso te esquecer.

Destino

Mau destino um homem muda
quando de fato ele quer,
e quando aproveita a ajuda
do amor de uma mulher.

Desvelo

Quem não cuida com desvelo
dos que são seus bem-amados,
deles não merece o zelo,
e muito menos cuidados.

Desvelo

Se não podes ser modelo
de companheiro e amigo,
deves ter algum desvelo
por quem caminha contigo.

Desvelo

Por não tratar com desvelo
quem foi o meu grande amor,
fiz do sonho pesadelo,
e da minha alegria fiz dor.

Dor

Sua imagem, seu endereço,
pelos anos vou esquecendo,
mas minha dor não esqueço,
com o tempo mais vai doendo.

Esperança

Quem sabe ter esperança
quando tudo deu errado,
cedo ou tarde sempre alcança
o que não foi alcançado.

Esquina

Vejo como é pequenina
a minha felicidade,
quando passo pela esquina
da avenida da saudade.

Estrada

Estradas no meu destino,
quantas surgiram não sei...
Mas sabendo ser menino
muitas já ultrapassei.

Estrada

Sempre a sofrer caminhei
pelas estradas da vida.
Por que? – a Deus perguntei.
Pergunta não respondida.

Ética

Uma ética para o amor,
nós devemos abraçar.
Quem ama causando dor
é por que não sabe amar.

Ética

Ética nessa nação
é agulha no palheiro:
a gente procura em vão!
Pobre povo brasileiro...

Ética

É certo que a arte poética
só precisa ter beleza;
mas quando lhe falta ética
também falta-lhe nobreza.

Fantasia

Quando estou a navegar
em nau de anseios dourados,
só pretendo resgatar
os meus sonhos naufragados.

Farra

Bêbado no auge da farra,
mastigando um acarajé,
resolveu tocar guitarra
usando os dedos do pé...

Felicidade

O que é a felicidade
nesta vida que vivemos?
Quanto a isto na verdade
quem sabe mais sabe menos...

Felicidade

Se felicidade é vida
dando luz ao coração,
a que tenho está perdida
em um imenso apagão.

Fome

A fome que o cara tinha
não parava um só instante;
com dez sacos de farinha
comeu todo um elefante...

Fome

Com fome ninguém aprende
as lições do bem viver:
faminto o homem só entende
que necessita comer.

Franqueza

Com desgosto ou com prazer,
quando entrar em um conflito,
nunca deixe de dizer
o que precisa ser dito.

Fronteira

Com ambição caminhei
muitas fronteiras transpondo,
mas tudo o que eu encontrei
nunca estive procurando.

Futuro

Esteja aqui ou acolá
pense nas coisas distantes:
o futuro chegará
se você não morrer antes.

Gentileza

Gentileza – coisa fina
de quem jamais é grosseiro.
Coisa que o amor logo ensina
a quem aprende ligeiro.

Gratidão

Não é digno de atenção,
muito menos de respeito,
quem não sente gratidão
pelo bem que lhe é feito.

Gratidão

Quem ama jamais se queixa
de qualquer ingratidão,
pois amando nunca deixa
para depois o perdão.

Gratidão

Confesso de coração:
quando vejo como sou,
tenho imensa gratidão
a quem nunca me ajudou...

Herança

Deus nos legou como herança
na hora em que nos criou,
um dom: ter nova esperança
se a nossa esperança acabou.

Humanidade

Toda a Humanidade caminha
se arrastando de muleta,
porque se tornou mesquinha
amesquinhando o planeta.

Humanidade

Nossa humanidade sonha
em mandar na natureza.
Um dia terá vergonha
de sonhar tal esperteza.

Humildade

Quem sofre necessidade
nunca deve ficar mudo;
pedindo com humildade
se consegue quase tudo.

Lágrimas

Lágrimas que não chorei
foram as que mais senti,
e risos que represei
foram risos que perdi.

Joia

Eu fiz um colar de estrelas
para enfeitar o teu peito,
com a esperança de vê-las
brilhando só no meu leito.

Justiça

Uma coisa ninguém nega
nesta vida atormentada:
a justiça além de cega
quando anda é aleijada.

Justiça

Por que andas tão vagarosa?
– pergunta a lebre à preguiça.
Ela responde vaidosa:
trabalho para a justiça!

Liberdade

Eu proclamo esta verdade
que sempre me iluminou:
é digno da liberdade
quem por ela já lutou.

Liberdade

Somente uma coisa sei
tendo como realidade:
quero ser do sonho rei,
e escravo da liberdade.

Livro

Bons livros são como flores
no jardim da inteligência:
enfeitam com suas cores,
perfumam com sua essência.

Livro

Morro de medo temendo
a morte dos meus amores,
mas se bom livro estou lendo
me livro dos meus temores.

Livro

Saindo do meu devaneio
entro em grande escuridão,
porém se bom livro leio
ponho luz no coração.

Livro

No livro da minha vida
uma folha já rasguei:
aquela da recaída
no grande amor que te dei.

Mãe

Eu não chorava sozinho,
nem precisava de amigo,
quando qual ave no ninho
tinha minha mãe comigo.

Mágoa

Mais útil do que toda água
existente na criação,
é talvez uma só mágoa
que se transforma em perdão.

Médico

Muito pobre me parece,
por ter alma pequenina,
o médico que enriquece
a custa da medicina.

Mensagem

Neste mundo a mensagem
da vida vem nos dizer,
que nunca leva vantagem
quem só vantagem quer ter.

Mentira

Quem mente por piedade,
quem ilusão dá e tira,
não esqueça está verdade:
– mentira é sempre mentira.

Natureza

Tenha o homem a certeza
desta verdade que dói:
destruindo a natureza
ele a si mesmo destrói.

Neblina

Caminhando na neblina
jamais se fere em abrolhos,
quem enfrenta a sua sina
sem ter neblina nos olhos.

Nau

Em nau guerreira embarquei
como pirata amador;
mil tesouros saqueei
em busca do teu amor.

Notícia

Propagar uma notícia
que seja caluniosa,
mais que caso de polícia
é canalhice espantosa.

Notícia

Para viver sem malícias
jamais fazendo chorar,
dê só as boas notícias
as más esqueça de dar.

Orquestra

Quando a orquestra parou
ligeiro eu verifiquei,
que ela também não dançou
tão só porque não dancei.

Outono

Sinto preguiça no outono,
na primavera também,
no inverno caio no sono
que no verão vai e vem...

Pão

Eu passar fome bem sei,
pois a vida me ensinou.
Já comi, e vomitei,
o pão que o diabo amassou.

Pão

Com o trigo da poesia,
e o fermento da ilusão,
faço o pão de cada dia
no forno do coração.

Paixão

Vou formar com os fulgores
de sol da minha paixão,
belo arco-íris de cores
no céu do teu coração.

Parque

A vida é um parque florido
para quem sabe sonhar,
e deserto ressequido
para quem não sabe amar.

Passeio

Passeia o casal (beleza)
sem briga naquele dia.
Ele sorri da surpresa,
ela chora de alegria.

Passeio

Em passeio de mãos dadas
com minha noiva pensei:
quantas mentiras contadas
tanto ouvi quanto contei?! ...

Paz

Sabemos como se faz
o progresso de uma terra,
então façamos com paz
o que não se faz com guerra.

Pedagogia

O ensino cartesiano
saiba sempre bem dosar;
os olhos do ser humano
muita luz pode cegar.

Perfil

O teu perfil desenhei
num pedaço de papel,
depois olhando pensei:
parece um anjo do céu.

Poesia

Tenhamos muito cuidado
julgando qualquer poesia:
o verso de pé quebrado
pode não ter mão vazia.

Poluição

Para se ficar de frente
com futuro indesejado,
poluir o meio ambiente
é meio caminho andado.

Promessa

Aquele que faz promessa
um bom negócio faria,
se caminhasse sem pressa
na ambição de cada dia.

Portão

Aberto só para o amor,
tenho no peito um portão;
vermelha é a sua cor,
seu nome não digo não...

Portão

Tens sorte, não fecharás
dentro de mim o portão,
por onde um dia entrarás
para pedir meu perdão.

Portão

O portão do coração
nunca feche a cadeado;
seu amor buscado em vão
pode chegar apressado.

Povo

Só escrevo para o povo,
com ele aprendi a pensar.
Sou pinto dentro do ovo,
mas sei como galo cantar.

Quimera

Quem vive só de quimera
quando tem os seus amores,
termina em uma tapera
ou fugindo de credores.

Relógio

O relógio marca as horas
da nossa separação.
Passa o tempo tu mais choras,
menos te peço perdão.

Rico

Mesmo não tendo roubado
para assim enriquecer,
o rico é sempre culpado
só por ser rico querer.

Rio

O rio corre para o mar,
disto todos nós sabemos,
não sabendo que o amar
naufraga quando corremos.

Sabedoria

São coisas bem diferentes,
saber e sabedoria:
a primeira ilustra as mentes,
a outra nos serve de guia.

Sapo

Disse o sapo para a sapa:
– vamos beber este vinho,
e por favor não escapa,
pois ganharás um sapinho!...

Saudade

Minha saudade tem cor
que prefiro não dizer;
branca, azul, seja qual for
ninguém precisa saber.

Saudade

A saudade é só um véu,
não tem cor, se cor tivesse,
seria a do azul do céu
chuvoso quando anoitece.

Saudade

Saudade muda de cor:
ora é roxa e faz sofrer,
ora é cinza como a dor
que dói sem muito doer.

Saúde

Saúde é bem precioso,
mas pouco vale se a gente
mantém corpo ocioso
e despreza a paz na mente.

Segredo

Prefiro morrer à míngua
e disso não tenho medo,
a segurar minha língua
jamais contando um segredo.

Segredo

Todo segredo guardado,
por interesse ou por medo,
um dia será revelado,
cedo ou tarde, tarde ou cedo.

Sensato

O sensato se contenta
com o que a vida lhe deu,
nunca sofre nem lamenta
o mal que lhe aconteceu.

Sensato

O homem sensato só faz
aquilo que lhe convém,
contudo nunca lhe apraz
ser melhor do que ninguém.

Sensato

Quando possui boa crença,
com justa noção do dever,
o homem sensato só pensa
no bem que pode fazer.

Sentença

O bom Deus que tudo vê,
deu sentença nesta linha:
– serei sempre de você,
você será sempre minha.

Sentença

Quando muito caro custa
para ser concretizada,
qualquer sentença é injusta
mesmo que não seja errada.

Sentença

Eis uma tola sentença
da qual já tirei vantagem:
– quem tem coragem não pensa,
quem pensa não tem coragem.

Sereia

Meu sonho de amor vagueia
em um mar de solidão,
procurando uma sereia
que segure a minha mão.

Serra

Na serra do amor olhando
para baixo assim pensei:
por que tanto amei sonhando
e sonhando não acordei?...

Silêncio

O silêncio de uma noite
em completa solidão,
fere a gente como açoite
na pele do coração.

Sonho

O sonho, o sonho somente
pode nos engrandecer.
O sonho planta a semente
que faz o futuro nascer.

Teatro

Toda plateia aplaudindo
o espetáculo acabando.
Por fora o palhaço rindo,
por dentro estava chorando...

Teatro

O teatro é a grande arte,
aquela que mais amamos,
pois sempre e em qualquer parte
todos nós representamos.

Telefone

Eu só perguntei o seu nome
mas ela logo entendeu:
e o número do telefone
sem mais pergunta me deu.

Tempo

Na escola do bem viver,
nós com o tempo aprendemos,
que não sabendo perder
sempre muito mais perdemos.

Tempo

Toda vida eu esperei,
vivendo só de esperar,
um amor que já não sei
se vale a pena chegar...

Tolice

Fiz tolice te deixando,
e só agora estou vendo
que teu amor desprezando
tenho tudo nada tendo.

Trabalho

Quem trabalha com firmeza
mesmo sem nada ganhar,
já ganhou sua riqueza
gostando de trabalhar.

Trabalho

Trabalho sempre pensando
em dar à vida um sentido;
penso que assim trabalhando
meu viver é bem vivido.

Trabalho

Trabalho de trovador
é sobretudo sonhar,
porque sendo sonhador
pode melhor trabalhar.

Trabalho

O trabalho quando é feito
com bom ânimo e amor,
mesmo que tenha defeito
não deixa de ter valor.

Trova

No reino da minha trova
vou chegando devagar,
mas esta quadrinha prova
que chego para ficar.

Trova

A minha trova troveja
de dia como um trovão;
quando é noite relampeja
pondo no céu seu clarão.

Trova

Quando tenho agulha nova
no pano da fantasia,
com quatro linhas de trova
costuro minha alegria.

Trova

Trova, minha doce trova,
meu breve canto de amor,
meu poema, minha prosa,
só por ti sou escritor.

Trova

A minha trova é bonita,
tanto quanto uma flor,
mas na sua rima rica
há um soluço de dor.

Trova

O trovador é dos bons
se faz trova iluminada,
mesmo sem ter sete sons,
e com rima equivocada.

Trova

A trova metrificada,
e que possui rima rica,
vale pouco mais que nada
se em nada nos edifica.

Varanda

Na varanda ela ficava
na cadeira se embalando.
Doce avó... talvez sonhava
em morrer assim sonhando.

Varanda

Na varanda desta casa,
hoje sem tua beleza,
eu sou pássaro sem asa
na gaiola da tristeza.

Vento

Em cada sopro de vento
que beija uma bela flor,
parece que ouço um lamento
pelo fim do nosso amor.

Verdade

De uma coisa esteja certo:
tem grande ingenuidade,
quem se juga muito esperto
por não dizer a verdade.

Vida

Quando a vida algo me tira,
no mesmo lugar eu ponho,
uma verdade ou mentira
também chamada de sonho.

Vida

Sempre a vida que nós temos
neste mundo enganador,
é o que dela fazemos:
pode ser espinho ou flor.

Vida

Se a vida não é sonhar,
sonhando melhor vivemos;
mas sempre é bom acordar
e às vezes sonhar menos.

Vitória

A vitória para ave,
não é fazer o seu ninho:
é transpor qualquer entrave,
voar alto, não baixinho.

Vitória

Lutemos pela vitória
que nos pode engrandecer,
sabendo que grande glória
tem o que sabe perder.

Finalmente, exaustos, encerraram o contato à distância através de computador e foram dormir.

7. Confidências

O intercâmbio de mensagens entre os dois manteve-se com regular frequência na internet; depois de uma dezena de semanas, como não poderia deixar de acontecer, o que postavam já não tinha caráter de simples troca de informações e notícias, acima de tudo constituía permuta de confidências.

Certo dia, ela deixou escapar esta lamúria ou queixume:

– Confesso que, em se tratando de relacionamento amoroso, sempre fui um completo fracasso.

– E eu – retrucou ele –, no que tange ao exercício de liderança dentro do movimento espírita, também sempre fui um completo fracasso.

– Sempre tive problema ao namorar porque sou refratária ao sensualismo sem pudor que geralmente tanto agrada aos homens. Parece que a mãe natureza gerou o meu organismo com deficiência na produção de libido. Só pode ser isso, porque, psicologicamente, não tenho nada contra a sexualidade das pessoas comuns, normais.

– E como vai aquele seu outro problema, do agnosticismo? Aqui para nós, você parece ser meio ateia... Reparou como se referiu à "mãe natureza" e não a Deus ou ao Criador? É mesmo somente agnóstica ou quase ateia?

– Falaremos disso em outra ocasião, agora o assunto em pauta é a minha dificuldade com namoro.

– Combinemos o seguinte: você fala sobre o seu tema escolhido e eu sobre o meu, que é a dificuldade não em manter namoro e sim em dirigir as pessoas na casa espírita que fundei há anos e mantenho até hoje, apesar de minhas imperfeições.

– Concordo, façamos isto, vou dar partida ao jogo: os dois mais constantes namorados que tive me traíram, embora um tenha sido curado por mim de aguda depressão e o outro tenha salvo a sua vida profissional destroçada graças à influência que exerci sobre ele.

– Que impressionante coincidência! Há pouco tempo passei por uma provação semelhante à sua. Os dois mais constantes auxiliares que tive em minha casa espírita também me traíram, organizando nela uma dissidência, embora um deles tenha sido curado de aguda depressão em meus trabalhos mediúnicos desobsessivos, e o outro tenha saído da vexatória situação de pequeno empresário falido graças ao apoio espiritual que lhe dei.

– Sofremos os mesmos desgostos pelo mesmo tipo de ingratidão.

– Realmente.

– Grandes canalhas, esses dois sujeitos.

– Não devemos pensar assim, é perdoando que mais agradamos a Deus e nos tornamos superiores aos nossos inimigos.

– Dizer isso é fácil, o difícil é esquecer determinadas safadezas que não merecemos.

– Será que nossa vida contém outras semelhanças?

– Acho que sim – admitiu ela. – Enquanto o seu problema maior, atualmente, é ter saudade de Deus, o meu é duvidar da sua existência.

– O que você, como psiquiatra, me recomenda ou receita?

– Apaixone-se por alguém. Uma pessoa apaixonada esquece de tudo, até de Deus.

– Passei a desejar isto, sinceramente, desde aquele dia em que você me acompanhou levando-me para o hotel após a conferência. No entanto, continuo a sentir crescer a cada novo dia dentro de mim, no recôndito do meu ser, nos escaninhos da minha alma, um indefinível anseio de retorno ou reintegração ao ser que me criou. Parece até que estou próximo da morte.

– Vamos mudar outra vez de assunto. De repente você ficou complicado, e fatalista, como eu quando tento cultivar minha inteligência com as ideias nietzscheanas.

– Você costuma ler Nietzsche? Gosta do pensamento dele? Não sabe que, apesar da sua enciclopédica cultura, ele foi o mais perigoso cretino, o mais consumado idiota que a filosofia já teve? Pelo amor de Deus, não me venha dizer que se beneficia intelectualmente lendo o Nietzsche.

– Leio Nietzsche por interesse profissional, não porque aprove todas as ideias desse gênio que decretou a morte de Deus.

– Mas esse imbecil que você chama de gênio foi um doido, faleceu louco e, muito antes disso, desde a juventude, já tinha crises de delírios e alucinações.

– Por isso mesmo é que eu o leio. E lembre-se que Nietzsche é celebrado nos círculos acadêmicos com sua "filosofia do martelo", destruidora de mitos, inclusive aquele de quem você anda sentindo saudade...

Em um impulso incontrolável, ele puxou da parede a tomada do computador, sentindo-se ofendido. Minutos depois, arrependido do descontrole emocional, religou a obra-prima da modernidade tecnológica e digitou:

– Desculpe, preciso interromper o nosso bate-papo. Amanhã a gente conversa mais.

Assistiu na televisão a um filme relaxante, após o que dormiu, para ter não um sonho agradável, e sim prolongado pesadelo.

8. DEUS

No dia seguinte, os dois desenrolaram mais ainda o carretel das confidências sentimentais e intelectivas, nos seguintes termos:

– Então a ínclita psiquiatra, especialista nas esquizofrênicas teorizações de Nietzsche sobre DEUS, vai justificá-las para o meu infantil entendimento?

– Não digo que aceito todas as ideias nietzscheanas, mas confesso que aprecio os conceitos de "super-homem", de "eterno retorno" e de "vontade de potência".

– Escute aqui: como brincadeira, ou como muito sério exercício de racionalidade lógica, vamos fazer de conta que estamos não em um jogo, conforme você disse, e sim em uma guerra. Dê início a um consistente ou contundente ataque a DEUS e eu o defenderei.

– Comece então dizendo o que prova a existência de um Criador da vida.

– O universo, que não pode ter saído do nada, porque se o fato houvesse acontecido o nada seria alguma coisa, e sendo alguma coisa não seria o nada. Logo, o nada é que não existe, e deixando de existir como poderia ser a causa da vida?

– Até hoje os crentes em DEUS não conseguiram provar que ele existe.

– Para que se os descrentes em DEUS de igual modo não provaram a sua inexistência?

– Eu espero que você entenda minha posição filosófica: não sou ateia, sou mais ou menos agnóstica, somente isto. Até que gostaria de acreditar em DEUS, mas passei a ter dificuldade nesse sentido desde que fiz a leitura do livro Uma breve história do tempo, do famoso físico Stephen Hawking. Ele explica que o universo foi originado, ou criado, por uma gigantesca explosão ocorrida há cerca de quinze a vinte bilhões de anos, quando todos os átomos constituintes da sopa primordial da matéria ocupante do espaço se contraíram até a maior densidade possível. Você conhece essa teoria, chamada Big Bang, não conhece?

– É obvio, todo mundo conhece.

– O que diz sobre ela?

– Digo o seguinte, preste atenção e tome nota, porque, modéstia à parte, tenho competência para falar sobre o assunto, primeiro porque, para ser engenheiro eletrônico, estudei física, segundo porque, por acaso, e por sorte minha e azar seu, analisei detidamente não só a obra científica de Stephen Hawking que você citou, mas também um outro volume dele intitulado O fim da física, editado em Portugal pela Gradiva Publicações Ltda. Repito: preste atenção e anote, ou registre bem na memória, o que vou dizer. Primeiro, a teoria do Big Bang, tão badalada pelos sinos do ateísmo, alardeia que a vida e o universo vieram de uma sopa primordial de átomos comprimidos até ao ponto máximo, porém não informa de onde veio tal sopa, quem ou o que a temperou, em qual panela do espaço cósmico a dita cuja ferveu antes de explodir. Segundo, a teoria do Big Bang, ou qualquer outra teoria científica, nunca poderá nos fornecer esta informação porque há um limite para os cálculos da matemática, chamado "tempo de Plank", cientificamente aceito e, portanto, inquestionável. Terceiro, nenhuma das ciências que se proclamam exatas possui realmente esta qualidade, todas são probabilísticas, embora nos ofertem um grau maior de certeza ou menor de dúvida. Quarto, não há conhecimento absoluto neste mundo, pela simples razão de que nele tudo é relativo. Quinto, o próprio Stephen Hawking, na mencionada brochura O fim da física, declara que os cientistas da sua área às vezes se "socorrem de aproximações e ideias intuitivas de validade duvidosa".

– Você é duro na queda, hein?

– Vai desistir ou quer continuar?

– No momento desisto, perdi a primeira batalha, todavia a guerra não acabou. Voltarei à trincheira da luta com melhor munição. Tchau! ...

9. Segundo Sonho

Após tantos entreveros ideológicos, os das palestras doutrinárias e os das confidências, ele se sentia com algum desânimo íntimo.

Na noite imediatamente posterior à discussão sobre a tese do Big Bang, teve, ao deitar para dormir, a estranha sensação da cabeça cheia de vazio. E vivenciou mentalmente mais um sonho singular.

Desta vez percebeu o tempo todo com maior nitidez uma presença invisível ao seu lado. Não esteve transitando por cidades e vilarejos, entretanto percorreu caminhos abertos em vetusta floresta, passeou por uma praia paradisíaca e até voou além das nuvens.

De saída adentrou uma vereda selvática, movendo-se entre álamos, ciprestes e cerejeiras.

Andava vagarosamente, com passos curtos, pisando mais em grama do que em pedras miúdas, e se surpreendendo a cada novo trecho com a sedutora paisagem. Viu canteiros de rosas no fim de uma alameda e, logo depois, outras flores multicoloridas em um jardim que não tinha porque estar ali, pois ostentava obeliscos com brancura de gesso. Mais à frente, avançando por trilha sinuosa contemplou uma cena surrealista: crianças brincando alegremente com tigres e leões, mansos, é claro, não ferozes, algumas delas brancas, louras, vestidas principescamente, outras negras, esbeltas, envergando saias compridas e blusas rendadas, e ainda outras de pele morena avermelhada, com os corpos protegidos apenas por tangas, tendo na cabeça cocares indígenas, de cores lilases e amarelas. Mais adiante, divisou aves de arribação sobrevoando frondosas mangueiras, um pomar cheio de legumes e hortaliças, onde coelhos saltitantes faziam lauta refeição, um terreno baldio com estacas de cedro envolvidas por trepadeiras compostas de açucenas, margaridas e cravos de pétalas veludosas, umas quase murchas, outras em pleno viço, rescendendo perfume, um conjunto de árvores em lugar saliente tendo em seus galhos, entre folhas ainda umedecidas pelo orvalho do alvorecer, várias frutas: maçãs, amoras, pitangas, jabuticabas e ameixas, uma cerca parcialmente envolvida em musgo, fincada em solo coberto de palhas onde pássaros que pareciam ter abandonado seus ninhos estavam quietos, aparentemente dormindo: pombas e colibris, pardais e andorinhas, gaivotas e graúnas, garças e rouxinóis.

Avançando por entre frágeis arbustos e palmeiras de troncos vigorosos e ampla ramagem, ele chegou em uma praia de areia fina, pontilhada de bambus e moitas de capim. Ali se deteve olhando os pescadores acionarem seus caniços, suas tarrafas e redes que em poucos minutos se enchiam de peixes, camarões, ostras, sururus e outros mariscos, olhando ainda as canoas deslizarem flutuando com suas velas estufadas pelo vento ininterrupto, olhando um barco a motor cortar velozmente as águas turvas e barrentas do rio caudaloso, com marinheiros atentos em sua quilha de proa, enfim olhando tudo na bonita paisagem, inclusive as canaranas arrastadas pela correnteza da vazante da maré.

Sempre vagaroso em seu deslocamento de andarilho sonambúlico, ele caminhou até quase o fim da praia, onde sentou no chão para descansar. Era hora do entardecer, do crepúsculo; o sol poente derramava no horizonte raios luminosos de diversos matizes acima de nuvem pardacenta, que prenunciava chuva forte de inverno rigoroso. Ele teve compulsiva vontade de fazer uma prece. Fez. Contritamente. Durante a mesma sentiu-se maravilhosamente embevecido, como se estivesse envolto em uma atmosfera de puro deleito sensorial, aspirando deliciosos aromas, ouvindo sons de cítara, suaves acordes de oboé, de plangente violão e de afinadíssima orquestra sinfônica. Pareceu a ele escutar, de permeio com essas harmonias musicais, uma doce voz. Perguntou em pensamento:

– Alguém falou comigo?

Ouviu:

– Sim, desejo lhe dar parabéns pela oração.

– Quem é você?

– Sou um espírito que tem autorização do Alto para lhe dar ajuda através de sonhos.

– Você é uma mulher?

– Como tão ilustre e fervoroso discípulo de Allan Kardec ignora que Espírito não tem sexo?

– Posso lhe fazer perguntas?

– Pode, desde que sejam proveitosas para a sua evolução espiritual.

– Você é a ...

– Desculpe interrompê-lo, esta indagação não poderei responder.

– Como sabe o que eu ia perguntar?

– Li o resto da frase interrompida na sua mente. Você quer saber se eu sou a psiquiatra de olhos verdes ou azuis que neste momento está dormindo. Quanto a isto não devo satisfazer a sua curiosidade, descubra por si mesmo. Por favor, situe a sua inquirição apenas na esfera filosófica, que tanto lhe agrada.

– Se é assim, me diga porque vocês não interferem no movimento espírita brasileiro, livrando-o dos desvios doutrinários.

– Não interferimos diretamente porque o livre arbítrio individual e coletivo encontra-se na lei de DEUS, e a lei de DEUS para nós é sagrada.

– Eu estou errado lutando em defesa do verdadeiro espiritismo?

– Não, alguns espíritas mais estudiosos têm de fazer o que você faz, porém outros não deixam de estar certos fazendo o que podem, como podem, para ajudar na luta contra o materialismo ateu, que é o grande adversário da nossa ideologia, pois nega a imortalidade da alma e assim procedendo anula todo ensinamento moral espírita, já que sem a sobrevivência e uma outra vida, eterna, tudo para o ser humano perde sentido. O combate do bem contra o mal é de todos, não somente dos mais esclarecidos; nele cada um diz o que sabe e dá o que tem.

– Não vai mesmo me revelar quem você é?

– Vou, sim, só não sei quando. Talvez daqui a umas semanas, talvez daqui a séculos, ou milênios, depende do uso que você fizer do seu livre-arbítrio.

A voz silenciou, ele ergueu-se e reiniciou a jornada, molhando os pés nas espumas que as ondas faziam ao se chocarem com a areia da praia. Quando ele chegou onde desejava, viu ao longe uma fazenda com seus bois e vacas, cavalos e éguas, carneiros e ovelhas, bezerros e novilhas, porcos e galinhas, roças bem cuidadas, não faltando nem uma capela onde aos domingos os vaqueiros, pastores e responsáveis pela produção agrícola deveriam rezar com suas famílias, diante de um oratório contendo imagens barrocas.

A chuva anunciada pela nuvem pardacenta começou em respingos intermitentes, contudo aumentou com rapidez a cada minuto, tornando-se tempestade; a fresca aragem acabou se convertendo em frio enregelante, o ar cinzento escureceu mais, quase negrejando, violentos trovões se fizeram ouvir e relâmpagos riscaram o firmamento com ligeiros intervalos. Aí teve ele de se refugiar em uma caverna. Fez uma fogueira com lenha ressequida e brasas que achou no local, para se aquecer. Enquanto o fogo crepitava e as labaredas clareavam o ambiente soturno, ele se concentrou em nova prece. Ouviu outra vez a meiga voz da presença invisível.

– Está com medo? Quer acordar?

– Não sei, o que me aconselha?

– Voar, já que cansou como andarilho.

– Como conseguirei?

– Deixe por minha conta.

– Então vamos volitar, como diz a doutrina.

De súbito ele se viu projetado na imensidão do espaço cósmico fugindo de colossais meteoros, transpondo constelações estelares e percorrendo distâncias quilométricas por fração de segundo, sobre o campo magnético de globos que giravam em suas órbitas, acompanhados de luas e satélites. Pressentindo uma vertigem, fez mais uma oração rogando a Deus o amparo da presença invisível, e eis que escutou as últimas palavras da mesma naquele sonho tão inolvidável quanto os outros que já tivera:

– Meus parabéns para você, pelo comportamento razoável durante o tempo todo do sonho, e parabéns a mim, pela missão cumprida. Para encerrar esta experiência exitosa, uma sugestão: jamais esqueça que eu o amo, e tenho tanta saudade de você quanto você tem saudade de Deus.

10. Novamente Deus

— Podemos retomar a delicada discussão sobre o tema da possível, ou improvável, existência de Deus? – indagou ela, sentada em frente do computador, depois de alguns dias sem comunicação com ele. Leu na tela da utilíssima máquina esta resposta:

– Olá, iniciemos logo a boa briga de foice e martelo, aliás, de minha parte, martelo mais temível do que o destruidor de mitos empunhado pelo maluco Nietzsche.

– Posso começar a pôr em funcionamento minha metralhadora giratória?

– Começo eu a atirar com a minha que tem balas bem mais mortíferas. E começo chamando outra vez atenção para uma sutileza da filosofia espírita: sua concepção da vida e do universo não é monista, é dualista, e sua concepção de Deus, que de saída descarta todo panteísmo, é teísta e não deísta, gosto sempre de repetir este ensinamento de Allan Kardec para as pessoas o reterem na memória, porque ele é muito relevante. O deísmo admite a existência de Deus, uma religião natural e até culto, mas não admite que Deus se revele e exerça ação providencial sobre nós e o mundo como o teísmo prega. O nosso Deus não é antropomórfico, semelhante ao homem, mas também não é impessoal, alheio ao destino dos seres humanos. Deixemos, todavia, de lado esta questão e vamos ao que certamente mais lhe interessa, a troca de ideias sobre a existência de um Criador para a vida e o universo.

– Posso falar?

– Pode, apressada.

– Consegui emprestada uma obra instigante sobre Deus, cujo autor é o inglês Richard Dawkins, mais laureado, embora menos festejado, do que Stephen Hawking, detentor de numerosos títulos acadêmicos e premiações honrosas, Doctor of Science da Universidade de Oxford e Doutor Honoris Causa pelas universidades de Huddersfield, Westminster Durha, Antuérpia e Oslo, dentre outras. Ele escreveu um livro intitulado The God delusion, traduzido com o título de Deus, um Delírio, que foi best-seller, como ocorreu com o volume Uma breve história do tempo do seu colega e conterrâneo Stephen Hawking. Também lançou ele a ideia de que o gene é a principal unidade de seleção natural sustentadora da tese do evolucionismo, de Charles Darwin, oposta ao criacionismo defensor da existência de Deus...

– E daí?

– Daí que o dito cientista, fartamente laureado, passou a propagar o ateísmo adotando não só a postura intelectual dialética de Nietzsche, mas também a de outros ateus eminentes do quilate de Auguste Comte e Sigmund Freud. O que você acha disso?

– Acho que essa gente toda materialista e ateia, possuidora de prestígio cultural, padece do pior tipo de ignorância, a ignorância ilustrada. Uma ignorância brilhante, para não dizer lustrosa, por ter recebido o polimento da erudição, contudo sombria por ser enganosa e enganadora. O que põe essa gente a perder é a ciclópica vaidade, pois, se ela fosse menos presunçosa, saberia que o homem é um ser evolutivo ainda sem a menor condição de desvendar todo o mistério da vida e da sua gênese. Diante da grandeza do universo, representamos menos do que um fragmento de cisco encontrado em canto de olho de uma pulga.

"Como já vimos que o nada não pode existir, a pergunta que se impõe é esta:

"O acaso, destituído de inteligência, seria capaz de ter produzido, ou inventado, tantas coisas diferentes como as que existem no universo, funcionando com espantosa precisão regulada por leis absolutamente perfeitas? Reflitamos sobre a variedade e a natureza dessas coisas: sabemos com segurança que só no reino animal inferior já foram catalogados mais de um milhão de insetos; sabemos que o corpo humano possui uns setenta trilhões de células, algumas formadas por uns dez bilhões de moléculas proteicas, todas se movendo em sinergia a fim de fazer uma bomba chamada coração pulsar incessantemente, espalhando sangue para irrigar, em média, por segundo, setenta metros de milhares de quilômetros de veias, artérias e capilares, recebendo do pulmão oxigênio para manter em atividade o cérebro, onde outros bilhões de células, os neurônios, comunicam-se entre si eletromagneticamente para emitir ordens aos diversos membros do corpo, através de um complicadíssimo sistema nervoso. Uma tão prodigiosa máquina orgânica como esta foi criada por mero acaso ou por uma inteligência que não podemos explicar?

"Responda esta pergunta com um mínimo de lógica, minha teimosa psiquiatra agnóstica" – concluiu ele.

Ela entregou os pontos:

– Você é mesmo duro na queda. Eu desisto, definitivamente.

11. Terceiro Sonho

Os contatos via computador se sucederam com menor frequência e a cada vez menos admiração mútua, até que um dia ele prometeu mandar a ela um texto de sua autoria, constante do livro Como o espírita deve pensar em Deus, que havia publicado anos atrás.

Semanas depois, cumpriu a promessa, mas como o mencionado texto era muito longo, ao terminar sua postagem, noite alta, foi dormir sem fazer qualquer comentário sobre o assunto.

Então teve o terceiro e último sonho, no qual não somente escutou a voz da sua protetora espiritual, como também a viu claramente, emocionando-se perante sua fascinante beleza. Exprimindo ternura com um sorriso afável, ela disse-lhe que acabara seu tempo no planeta Terra, aduzindo que estava perto dele para conduzi-lo a um mundo superior, onde ambos seriam venturosos juntos, e a seguir inseparáveis, graças ao amor que nutriam um pelo outro há milênios, esquecido por ele na derradeira encarnação de caráter expiatório e, portanto, sem a sua companhia.

Respondendo uma pergunta dele antes de a mesma ser completamente formulada, informou ela que nunca foi médica, e sim, em sua última encarnação, uma sóbria e recatada rainha no velho Egito, quando ele, como seu esposo, depois de ter sido um beduíno errante em vida precedente na qual a namorou, foi um faraó perverso, nada benevolente para com os súditos.

Terminou ela sua fala afirmando, sorridente, que seus olhos eram castanhos e não verdes ou azuis...

Quando aquela noite acabou, com o nascer rutilante da aurora, a pessoa que foi chamá-lo para o café da manhã encontrou na cama um cadáver. Com expressão facial serena e jubilosa.

12. Epílogo

O texto que ele postou para a psiquiatra antes da desencarnação discorria sobre a sua saudade de Deus e como os espíritas devem pensar no Criador da vida e do universo. Eis a parte final do referido texto, faça bom proveito dela, caríssimo leitor, e me perdoe por lhe ofertar um romance diferente do modelo consagrado pelo movimento espírita brasileiro:

As lucubruções fisicalistas, em torno da criação e do Criador, como acabamos de ver, tanto quanto as reflexões metafísicas, não passam de balela para anestesiar as inteligências inquietas. Nem os corifeus da ciência moderna, nem os arautos da teologia clássica possuem qualquer condição de auxiliar o homem a pensar corretamente sobre Deus. Somente uma filosofia marcada pela singeleza e pela honestidade, como a Kardequiana, pode desempenhar este papel.

Afirmamos sem rodeios que a legítima doutrina espírita disserta sobre Deus de maneira certa e criteriosa, não dizendo mais do que é possível compreendermos, porque justamente isso a torna superior aos demais sistemas de ideias correlatas.

É pena que os companheiros místicos e intelectualistas não percebam a necessidade de conterem seus impulsos em busca de construir sofisticadas concepções da divindade.

Os seres do plano invisível reveladores das verdades que integram nossa doutrina não cometeram o erro habitual dos filósofos humanos. Declararam, francamente, na resposta à pergunta n.º 14 de *O livro dos espíritos*:

> DEUS existe; disso não podeis duvidar e é o essencial. Crede-me, não vades além. Não vos percais num labirinto donde não lograríeis sair. Isso não vos tornaria melhores, antes um pouco mais orgulhosos, pois que acreditaríeis saber, quando na realidade nada saberíeis. Deixai, conseguintemente, de lado todos esses sistemas; tendes bastante coisas que vos tocam mais de perto, a começar por vós mesmos. Estudai as vossas próprias imperfeições a fim de vos libertardes delas, o que será mais útil do que pretenderdes penetrar no que é impenetrável.

Antes de dizê-lo, já haviam se queixado da pobreza da linguagem humana (pergunta nº 3), depois de afirmar que DEUS "é a inteligência suprema, causa primária de todas as coisas" (pergunta nº 1).

Já haviam asseverado que o homem não pode compreender a natureza íntima de Deus, porque falta-lhe para isso o sentido (pergunta nº 10).

Já haviam observado, entretanto, que, embora não podendo compreender a natureza íntima de Deus, pode o homem formar ideia de algumas de suas perfeições, entrevendo-as pelo pensamento, à proporção em que se eleva acima da matéria (pergunta nº12).

Já haviam esclarecido, quando Kardec lhes indagou se temos ideia completa de Deus, dizendo que Ele é eterno, infinito, imutável, imaterial, único, onipotente, soberanamente justo e bom, que do nosso ponto de vista sim, mas há coisas acima da inteligência do homem mais inteligente, estando Deus isento "de qualquer das imperfeições que a nossa imaginação possa conceber" (pergunta nº 13).

Adiante, complementando seus juízos, sublinharam que há dois elementos gerais no universo: a matéria e o espírito, e acima de tudo Deus, o pai de todas as coisas (pergunta 27).

Um pouco à frente, insistiram em nos classificar como filhos de Deus (pergunta 77).

E de resto, nas demais obras do Codificador do espiritismo, absorvemos invariavelmente a noção de que Jesus estava certo quando definiu Deus como nosso Pai. Todo o esquema de racionalidade da filosofia kardequiana se estrutura e desdobra nesse sentido. Os diversos ensinamentos da doutrina, versando sobre os mais variados assuntos, de feição científica, ética ou religiosa, articulam-se sempre para nos induzir à crença em um Deus-Pai, dotado de sabedoria e amor sem limites, que rege os destinos das coisas e dos seres. Rejeitar isto significa, seguramente, não ser espírita.

Os confrades intelectualistas e místicos extremados, cara e coroa da mesma moeda monista, que ficam arquitetando teorias nebulosas para explicar a divindade e sua ação providencial relativamente à vida, agarrando-se em pensadores não autenticamente espíritas, se acham que a nossa filosofia necessita de interpretação especial para se fazer entendida no tocante ao problema da fé em Deus, deveriam recorrer a quem de direito. E quem mais do que Allan Kardec se encontra qualificado para interpretar a nossa filosofia nesse movediço terreno? Edifiquemo-nos com este escrito antológico do Codificador publicado em destaque na *Revista Espírita*, ano IX, maio de 1866, vol. 5, tradução de Júlio Abreu Filho para a Edicel, São Paulo, 1966, e posteriormente transcrito com ligeiros retoques no livro *A gênese*, capítulo II, itens 20 a 37.

Deus está em toda parte

Como é que Deus, tão grande, tão poderoso, tão superior a tudo, pode imiscuir-se em detalhes ínfimos, preocupar-se com os menores atos e os menores pensamentos de cada indivíduo? Tal é a pergunta feita muitas vezes.

Em seu estado atual de inferioridade, só dificilmente os homens podem compreender Deus infinito, porque eles próprios são circunscritos, limitados e por isso o configuram circunscrito e limitado, como eles mesmos; representando-

-o como um ser circunscrito, dele fazem uma imagem à sua imagem. Nossos quadros que o pintam com traços humanos não contribuem pouco para alimentar este erro no espírito das massas, que nele mais adoram a forma que o pensamento. É para o maior número um soberano poderoso, sobre um trono inacessível, perdido na imensidade dos céus, e porque suas faculdades e suas percepções são restritas, não compreendem que Deus possa ou se digne intervir diretamente nas menores coisas.

Na impotência em que se acha o homem de compreender a essência mesma da divindade, não pode fazer senão uma ideia aproximada, auxiliado por comparações necessariamente muito imperfeitas, mas que, ao menos, lhe pode mostrar a possibilidade do que, à primeira vista, lhe parece impossível.

Suponhamos um fluido bastante sutil para penetrar todos os corpos. É evidente que cada molécula desse fluido produzirá sobre cada molécula da matéria com a qual está em contato uma ação idêntica a que produziria a totalidade do fluido. É o que a química nos mostra a cada passo.

Sendo ininteligente, esse fluido age mecanicamente pelas sós forças materiais. Mas se supusermos esse fluido dotado de inteligência, de facilidades perceptivas e sensitivas, ele agirá não mais cegamente, mas com discernimento, com vontade e liberdade; verá, ouvirá e sentirá.

As propriedades do fluido perispiritual dele nos pode dar uma ideia. Ele não é inteligente por si mesmo, desde que é matéria, mas é veículo do pensamento, das sensações e das percepções do Espírito; é em consequência da sutileza desse fluido que os Espíritos penetram por toda a parte, perscrutam os nossos pensamentos, veem e agem à distância; é a esse fluido, chegando a um certo grau de depuração, que os Espíritos superiores devem o dom da ubiquidade; basta um raio de seu pensamento dirigido para diversos pontos, para que eles possam ali manifestar sua presença simultânea. A extensão dessa faculdade está subordinada ao grau de elevação e de depuração do Espírito.

Mas os Espíritos, por mais elevados que sejam, são criaturas limitadas em suas faculdades, o poder e a extensão de suas percepções não poderiam, neste caso, se aproximar de Deus. Contudo podem servir de ponto de comparação. O que o Espírito não pode realizar senão num limite restrito, Deus que é infinito o realiza em proporções indefinidas. Há ainda esta diferença que a ação do Espírito é momentânea e subordinada às circunstâncias: a de Deus é permanente; o pensamento do Espírito só abarca um tempo e um espaço circunscritos; o de Deus abarca o universo e a eternidade. Numa palavra, entre os Espíritos e Deus há a distância do finito ao infinito.

O fluido perispiritual não é o pensamento do Espírito, mas o agente e o intermediário desse pensamento. Como é o fluido que o transmite, dele está, sob certo modo, impregnado e, na impossibilidade em que nos achamos de isolar o pensamento, ele parece não fazer senão um com o fluido, assim como o som parece ser um com o ar, de sorte que podemos, por assim dizer, materializá-lo. Do mesmo modo que dizemos que o ar se torna sonoro, poderíamos, tomando o efeito pela causa, dizer que o fluido se torna inteligente.

Seja ou não assim, o pensamento de Deus, isto é, que ele aja diretamente ou por intermédio de um fluido, para a facilidade de nossa compreensão representamos este pensamento sob a forma concreta de um fluido inteligente, enchendo o universo infinito, penetrando todas as partes da criação: a natureza inteira está mergulhada no fluido divino; tudo está submetido à sua ação inteligente, à sua previdência, à sua solicitude; nenhum ser, por mais ínfimo que seja, deixa de estar, de certo modo, dele saturado.

Assim, estamos constantemente em presença da divindade; não há uma só de nossas ações que possamos subtrair ao seu olhar; nosso pensamento está em contato com o seu pensamento e é com razão que se diz que Deus lê os nossos mais profundos refolhos do coração; estamos nele como ele em nós, segundo a palavra do Cristo. Para estender sua solicitude às menores criaturas, ele não tem necessidade de mergulhar seu olhar do alto da imensidade, nem de deixar o repouso de sua glória, pois esse repouso está em toda parte. Para serem ouvidas por ele, nossas preces não necessitam transpor o espaço, nem serem ditas com voz retumbante, porque, incessantemente penetrados por ele, nossos pensamentos nele repercutem.

A imagem de um fluido inteligente universal evidentemente não passa de uma comparação, mas própria a dar uma ideia mais justa de Deus que os quadros que o representam sob a figura de um velho de longas barbas, envolto num manto. Não podemos tomar nossos pontos de comparação senão nas coisas que conhecemos; é por isso que dizemos diariamente: o olho de Deus, a mão de Deus, a voz de Deus, o sopro de Deus, a face de Deus. Na infância da humanidade, o homem tomou estas comparações ao pé da letra; mais tarde, seu espírito, mais apto a apreender as abstrações, espiritualiza as ideias materiais. A de um fluido universal inteligente, penetrando tudo, como seriam o luminoso, o fluido calórico, o fluido elétrico ou quaisquer outros, se fossem inteligentes, tem o objetivo de fazer compreender a possiblidade para Deus de estar em toda parte, de ocupar-se de tudo, de velar pelo broto da erva como pelos mundos. Entre ele e nós a distância foi suprimida; compreendemos e este pensamento, quando a ele nos dirigimos, aumenta a nossa confiança, porque não podemos dizer que Deus está muito longe e seja muito grande para se ocupar com nós. Mas este pensamento, tão consolador para o humilde e para o homem de bem, é muito aterrador para o mau e para o orgulhoso endurecido, que esperavam a ele subtrair-se em favor da distância, e que, de agora em diante, sentir-se-ão sob a influência de seu poder.

Nada impede admitir para o princípio de soberana inteligência, um centro de ação, um foco principal radiando sem cessar, inundando o universo com os seus eflúvios como o sol com a sua luz. Mas onde está esse foco? É provável que não esteja mais fixo num ponto determinado do que a sua ação. Se simples Espíritos têm o dom da ubiquidade, essa faculdade com Deus deve ser sem limites. Enchendo Deus o universo, poder-se-ia admitir, a título de hipótese, que esse foco não necessita transportar-se, e que se forme em todos os pontos onde sua soberana vontade julga a propósito produzir-se, de onde se poderia dizer que está em toda a parte e em parte alguma.

Diante desses problemas insondáveis, nossa razão deve humilhar-se; Deus existe: não poderíamos duvidá-lo; é infinitamente justo e bom; é sua essência; sua solicitude se estende a tudo; nós o compreendemos agora; incessantemente em contato com ele, podemos orar a ele com a certeza de ser ouvidos; ele não pode querer senão o nosso bem; por isso devemos ter confiança nele. Eis o essencial; para o resto, esperamos que sejamos dignos de compreender.

FIM

Dados Biográficos do Autor

Identificação:

Nome completo: Nazareno Bastos Tourinho
Data de nascimento: 06 de dezembro de 1934
Cidade onde nasceu: Belém do Pará
Residência: Rua Américo Santa Rosa, 103, Belém, Pará, Cep 66090-230
Telefones: (91) 3259-0132
Estado civil: Casado
Profissão: Jornalista

Livros Espíritas Publicados:

Gotas de espiritismo (1958 edição particular, esgotada).

O Cristo (1959, edição particular, esgotada).

O poder fantástico da mente (em parceria com Carlos Imbassahy, 1967, Editora Eco; 2001, Editora DPL).

Surpresas de uma pesquisa mediúnica (1981, Editora O Clarim).

Curiosidades de uma experiência espírita (1983, Editora O Clarim - o texto desta obra, e da precedente, o autor reuniu em um só volume, publicado pela DPL Editora).

Édson Queiroz, o novo Arigó dos espíritos (1983, Editora Correio Fraterno do ABC).

A ética espírita sem misticismo (1983, Editora Correio Fraterno do ABC).

A dramaturgia espírita (1991, Editora da FEB).

O trabalho dos mortos e a tolice dos vivos* (1993, Editora da FEESP).

Relações humanas nos centros espíritas (1994, Editora Correio Fraterno do ABC).

Kardec, Jesus e a filosofia espírita (1994, Editora da FEESP).

Carlos Imbassahy – o homem e a obra (1994, Editora da FEESP).

Críticas e reflexões em torno da moral espírita (1996. Editora Mnêmio Túlio).

Uma nova visão da mediunidade (1996, Editora da FEESP).

Caprichosa lição dos espíritos (1997, peça teatral. Editora EME).

A estranha loucura de Lorena Martinez (1997, peça teatral, Editora O Clarim).

Como o espírita deve pensar em Deus (1998, Editora da FEESP).

Retalhos de um atalho (1998, Editora Opinião E.).

As tolices e pieguices da obra de Roustaing (1999, Editora Correio Fraterno do ABC).

Noções fundamentais da filosofia espírita (2000, Editora da FEESP).

Experiências mediúnicas com crianças e adolescentes (2000, DPL Editora).

Minha doce casa espírita (2001, Editora DPL).

Surpresas e curiosidades de uma pesquisa mediúnica (2001, Editora DPL).

Padre Quevedo: de acusador anti-espírita a culpado (2001, DPL Editora).

Atividades Espíritas Mais Expressivas:

Presidiu a Comissão Científica do Congresso de Jornalistas e Escritores Espíritas realizado em Niterói, RJ, no ano de 1972.

Presidiu a Comissão de Jornalismo do mencionado Congresso realizado em Brasília, no ano de 1976.

Foi autor da proposta que elegeu a Mesa Diretora do dito Congresso realizado no Rio de Janeiro em 1979.

Presidiu uma das Comissões Julgadoras de Teses no mesmo Congresso realizado em Salvador-Bahia em 1982.

Foi conferencista do painel de Crítica Literária e coordenou uma Reunião de Estudo no referido Congresso levado a efeito em São Paulo no ano de 1985.

Fundou e dirige uma Casa Espírita em Belém do Pará.

Durante muitos anos escreveu na revista *Reformador*, da Federação Espírita Brasileira.

Escreveu regularmente durante anos no *Jornal Espírita,* publicado pela Federação Espírita do Estado de São Paulo, e no jornal *Correio Fraterno do ABC*, de São Bernardo do Campo, SP.

Seu livro *Édson Queiroz, o novo Arigó dos espíritos,* foi traduzido para o alemão e publicado pela Editora Verlag die Silberschnur, de Melsbach.

Foi um dos fundadores da ABRAJEE – Associação Brasileira de Jornalistas e Escritores Espíritas, tendo integrado sua primeira diretoria como diretor para a Região Norte.

Esta edição foi impressa, em agosto de 2016, pela Art Printer, de São Paulo, SP, sendo tiradas duas mil cópias em formato fechado 14 x 21cm, em papel Norbrite Cream 66 g/m^2 para o miolo e Nigbo Cs2 250g/m^2 para a capa. O texto principal foi composto em Berkeley LT 13/15,6; o título dos capítulos foi composto em Bauer Bodoni 24/28,8. A capa foi elaborada por Fernando Campos.